VINDOBONA

VERLAG · SEIT 1946

Risto Ivanovski

Antike
Mazedonier und
Slawische
Mazedonier

◇◇◇◇◇◇◇◇◇◇◇◇◇◇◇◇◇◇◇◇◇◇◇◇

Bitola, R. Makedonien
2022 Jahr

VINDOBONA
VERLAG · SEIT 1946

Bibliografische Information
der Deutschen Nationalbibliothek:

Die Deutsche Nationalbibliothek
verzeichnet diese Publikation in
der Deutschen Nationalbibliografie.
Detaillierte bibliografische Daten
sind im Internet über
http://www.d-nb.de abrufbar.

www.vindobonaverlag.com

© 2024 Vindobona Verlag

ISBN 978-3-903574-10-6
Lektorat: Mag. Angelika Mählich
Umschlagfotos: Komain Intarakamhaeng,
Konstantinos Moraitis | Dreamstime.com
Umschlaggestaltung, Layout & Satz:
Vindobona Verlag

Gedruckt in der Europäischen Union
auf umweltfreundlichem, chlor- und
säurefrei gebleichtem Papier.

Dr. Risto Ivanovski, ANTIKISCHE MAKEDONIER UND
MAKEDONISCHE SKLAWINIER = SOG. SLAWEN SEIT
DEM 6. JAHHUNDERT NACH CHRISTUS:
EIN VOLK MIT EINER MYTHOLOGIE

IVANOVSKI; Risto
Antikische Makedonier und Makedonische Sklawinier = sog.
Slawen seit VI Jh. n.Chr. ein Volk mit einer Mythologie/Risto
Ivanovski. – Bitola: Ivanovski R., 2022. – 87 Seiten; 29 cm.
a) Historie antikischer Makedonier und makedonischer
Sklawinier = sog. Slawen.

Inhaltsverzeichnis

Die Sintfluten

Im Weltatlas[1] steht: **Pleistozän** (Beginn vor einer Million Jahren. Dauer eine Million Jahre): „Europa, Amerika, die Antarktis und der Himalaya liegen weitgehend unter Eismasse und Gletschern. Während der Interglazialzeiten schmilzt das Eis periodisch, wodurch der Meeresspiegel steigt und die vorher durch das ungeheure Gewicht des Eises abwärts gedrückten Landmassen Europas und Nordamerikas sich zu heben beginnen (Skandinavien hebt sich heute noch etwa einen Zentimeter jährlich). Schmelzendes Eis bildet die größten Seen Nordamerikas, die norddeutschen Seeplatten, die bayerischen, schweizerischen und norditalienischen Seen. Die ausräumende Wirkung der Gletscher schafft die norwegischen Fjorde und die Wannentäler der Alpen. Die Landschaft beginnt ihr heutiges Aussehen anzunehmen. Eine Periode großer klimatischer Gegensätze."[2]

„Durch aufeinanderfolgende Eiszeiten gingen in Europa zahlreiche Pflanzenarten zugrunde. In Amerika und Asien konnten sich auf wärmeres Klima angewiesene Pflanzen nach Süden zurückziehen und später wieder nordwärts vordringen, was in Europa wegen der vereisten Alpenbarriere unmöglich war."

„Leben im Meer ähnlich wie heute."

Holozän (Beginn vor 10.000 Jahren): „Das Eis schmilzt ständig weiter zurück, was ein Ansteigen des Meeresspiegels zur Folge hat. England, während der Eiszeit über die südliche Nordsee hinweg mit Mitteleuropa verbunden, wird jetzt vom Kontinent abgeschnitten. Landschaft im Wesentlichen wie heute. Das Kli-

---

1 Der große Reader's Digest Weltatlas, Verlag das Beste GmbH. Stuttgart, 1963, S. 116 und 117.
2 Risto Ivanovski, Die Blutgruppe A der Weißen, Literareon im utzverlag – München 2021.

ma wird gleichmäßiger. In Nordafrika und im Mittleren Osten erzeugt zunehmende Trockenheit Wüsten."

„Mit dem Schwinden des Eises und dem Eintreten wärmerer Sommer beginnt ganz Europa, sich mit Wäldern zu überziehen. Tundravegationen (Moose und Flechten) weichen Birke und Kiefer, später folgen Haselnuss, Eiche und Erle".

„Leben im Meer ähnlich wie heute."

H. Kinder/W. Hilgemann[3] geben an: „Die Gliederung des Pleistozäns (Eiszeitalter) erfolgt nach den Eis- und Warmzeiten (Glaziale und Interglaziale, Jahre in Tsd.):

- 600–540 1. Eiszeit (Günz)
- 540–480 1. Eiszeit (Günz-Minder)
- 480–30 2. Eiszeit (Mindel)
- 430–40 2. Warmzeit (Mindel-Riss)
- 240–180 3. Eiszeit (Riss)
- 180–120 3. Warmzeit (Riss-Würm)
- 120–10 4. Eiszeit (Würm); es folgt die Nachzeiten.

Historisch und anthropologisch wird die Zeit in drei Perioden gegliedert:

- 600–100 Altpaläolithikum (Ältere Altsteinzeit)
- 100–50 Mittelpaläolithikum (Mittlere Altsteinzeit)
- 50–10 Jungpaläolithikum (Jüngere Altsteinzeit)."

In Larousse[4] steht: Frühhntike, Domäne der Historie. Es gab 1.800.000 Jahre als lebende Wesen in Ostafrika gebrauchte Schneide des Feuersteines, die bewusst und absichtlich zerschlugen, um Schneide zu machen. Pitekantrop (Affe-Mensch

---

3 Hermann Kinder/Werner Hilgemann, dtv-Atlas Weltgeschichte, Verlagsgesellschaft, München, 2015, S.13.
4 Opšta enciklopedija LAROUSSE, Paris 1967-za Jugoslavija Vuk Karadžić, Belgrad,1973, Band 3, S. 224.

1000 cm^3), der lebte vor 500.000 Jahren, kannte Feuer und gebrauchte Werkzeuge aus Stein, um Holz zu schneiden. Von Anfang an des Quartärs – vor gewiss zwei Millionen Jahren – Erde ging durch eine Eisperioden, von denen blieben verstärkte Spuren der Ablagerungen, und die verfolgte, über 35. Parallele größer Fall der Temperatur. Es gab und Zwischeneisperiode ...

Also, man redet 35 Parallele, die war nur südlich von Insel Kreta – in Levante.

In Watch Tower Bible[5] ... redet man über was schrieb The Saturday Evening Post: „Tiere waren frisch, vollständig, unversehrt und noch standen oder wenigstens knieten in aufrechtem Zustand. Nach unserer vorigen Weise das Bedenken – dies ist ein wahrhaft aufregendes Bild. Große Herden aus großen, gut ernährten Tieren, die waren nicht besonders für endliche frostige Bedingungen geschaffen, ernährten sich ruhig auf sonnigen Weidenplätze. Plötzlich starben alle, ohne irgendein sichtbares Zeichen an Gewalt und sie konnten sogar den letzten Bissen des Futters schlucken, aber nachher waren sie schnell gefroren, und das war so schnell, was jede Zelle ihrer Körper ist vollkommen behalten."

Bild: „Gefrorenes Mammut entdeckt in Sibirien. Nach Tausenden Jahren, in seinem Mund und Magen gab es noch pflanzliches Futter, aber sein Fleisch konnte man essen, wenn es entfroren war."

The Atlas of Mankind[6] gibt an: „... Erscheinung des ersten Menschen (vor 500.000 Jahren) mit Auswanderung aus Afrika."

Herbert George Wells[7] schreibt: „Nach Geologen, frühestens von den Eoliten, kamen aus Pliozän – d. h., vor der erstern gletscherischer Epoche. Man kann sie noch und durch die ganze ers-

---

5 WATCH TOWER BIBLE AND TRACT SOCIETY OF PENNSILVANIA, 1999, S. 203.
6 The Atlas of Mankind, ©Mutchell Beazley Publishers and Rand McNally & Company, 1982, YU1986, S.14.
7 Herbert George Wells, Istorija sveta, Narodno delo, Belgrad, 1929, S. 29.

te interglazialische Periode finden. Wir wissen nichts über die Knochen oder von anderen Reste in Europa oder Amerika angeblich menschliche Wesen von vor halb Millionen Jahre, was könnten zu schaffen und Werkzeug zu gebrauchen ..."

„Sobald wir nicht übergehen die Dinge, die geschehen sind in diesen Gehirnen, deren Wachsen und Entwicklung verfolgten wir von halbaffenen Stufen und durch Perioden von 500.000 Jahre."[8]

Milutin Milanković[9] sagt: „Ich hatte nichts erreicht ... Mensch ... und Jahr 478.000 vor der Gegenwart haben wir seine Spur ganz verloren, oder der Mensch bestand nicht oder wir konnten noch nicht besser von verwandten Tieren unterscheiden."

Wie andere Arte aller Tiere entstanden, wie Aal, Haifisch, so entstanden auch die Menschen.

T. F. Gaskell[10] redet über Eiszeit. Eiszeit begann vor 500.000 bis 1.000.000 Jahre mit einer vierten Spitze vor 10.000 Jahren. Das Meer wuchs zwischen 18.000 und 6000 Jahren fast 90 m. Die letzten 6000 Jahre blieb das heutige Niveau mit einer Abweichung von ±3 m.

Herbert George Wells[11] schreibt: „In der Epoche des dritten interglazialen Zeitraums war die Form Europas und Westasiens anders als heute. Ausgedehnte Landschaften westlich und nordwestlich, jetzt überdeckt mit Wasser des Atlantischen Ozeans, waren dann trockenes Land. Irland und Nordmeer waren Flusstäler. Über die nördliche Landschaften breitete sich immer wieder eine Eisdecke aus, ähnlich wie jene, die heute das mittlere Grönland deckt. Die große Eisdecke, die beide ländliche polarischen Landschaften umfasste, nahm aus dem Ozean große Menge Wassers über, infolgedessen nahm das Niveau des Wassers ab, hinter sich lassend große Landschaften der Erde,

---

8 Ebenso, Seite 52.
9 Milutin Milanković, Kroz vasiona i vekova, Nolit, Beograd, 1979, S. 213.
10 T.F. Gaskell, Mora, karte i ljidi, Mladost, Zagreb, 1969, S. 14.
11 Herbert George Wells, Istorija sveta, Narodno delo, Belgrad, 1929, S. 32.

die wieder unter Wasser sind. Der Raum, auf dem jetzt Mittelmeer ist, war wahrscheinlich ein großes Tal niedriger als das Meeresniveau; in dem Tal fanden sich zwei innere Seen abgeschnitten vom Hauptozean.".

„Werte Leser! Wir sind nicht genug Geologen, dass wir könnten wir sich nach dem Anlass der Sachen in selbständigen Untersuchungen einzulassen. Deswegen, wie Anweisungen für nach der glazialen Mappe und Mappe vor 13 bis 10.000 Jahre v. Chr., hauptsächlich halten wir gewisse Tiefe von 73 m und neuliche Abgrabungen. Aber, in einem sind wir und außer der Grenzen einlassen. Eines ist sicher, das Mittelmeer des Endes letzterer Eiszeit oder glazialer Epoche stellte zwei, drei geschlossene meerische Talkessel dar, die waren mit nichts verbunden oder vielleicht gebunden mit irgendeinem üppigen Fluss, der aus ihnen überflüssiges Wasser absonderte. Im östlichen Talkessel fand man süßes Wasser, in dem ergossen sich Nil, adriatischer Strom, Fluss des Rotmeeres und vielleicht ein Fluss, der stieg zwischen Gebirgen ab, die sind heute Archipel, der kam aus einem vielmehr großen Meer in Zentralasien, welches damals in Zentralasien bestand. Aber auch ist gewiss, dass in der Epoche die Neolither in dem jetzt verlorenen mittelmeerigen Paradies wandern."[12]

Als Beweis der Entstehung des Mittelmeeres blieben Fische: Aal, Thunfisch usw.

Im Weltatlas[13] steht: „Die amerikanischen Flussaale ziehen zum Laichen ins Sargosso-Meer. Die ausgeschlüpften Larven treiben nach Westen, werden nach einem Jahr zu Glasaalen, später zu Steigaalen, die wieder in die Flüsse einschwimmen. Auch alle europäischen Aale entwickeln sich aus Larven, die im Sargasso-Meer geschlüpft sind; sie werden nach Osten abgetrieben und erreichen Europa und das Glasaalstadium erst nach drei bis vier Jahren. Die ausgewachsenen Flussaale Europas wandern

---

12 Ebenso, S. 50.
13 Der große Reader's Digest Weltatlas, Verlag das Beste Gm.b.H. Stuttgart, 1963, S. 125.

ins Meer zurück. Bisher hat man angenommen, dass sie – auf ungeklärten Wegen – das Sargasso-Meer erreichen und die laichen. Nach einer neuen Theorie gehen sie aber vielleicht vorher zugrunde. Die europäischen Aale wären damit gleichfalls Nachkommen amerikanischer Flussaale, die als Larven nach Osten statt nach Westen getrieben wurden."

Die europäischen Flussaale wandern seit Anfang der Kontinentalverschiebung.

Maurice Burton[14] redet über Aale. Untersuchungen fingen mit Aristoteles (350 v. Chr.) an, der meldete, dass erwachsene süßwasserige Aale in Meere wanderten. M. Burton schreibt über Aale im östlichen und südöstlichen Asien, aber nicht über Aale aus Westasien und Nordafrika. Also Aale im mediterranen Gebiet waren aus europäischen Süßwassern.

Maurice Burton schreibt auch über die Siedlung des Thunfisches. Siedlung ist nach Nord, westlich von Schottland, nachher nach Norwegen, aber nicht durch den englischen Kanal, er bestand nicht vor 10.000 Jahren und die britannischen Inseln waren mit Europa verbunden.

Horst Klien[15] gibt an: „Levante [.v.], die. – (Bez für die Küstengebiete Kleinasien, Syrien u. Ägypten u. i. w. S. für die Mittelmeerländer östl. von Italien einschlislich Griechenland) <lat → ital, ‚Sonnenaufgang'>... Levantiner K231, der, -s –, (Bewohner der Levante) levantinisch od levantisch; K 258: das Levantische Meer".

Risto Ivanovski[16] schreibt: „Mittelländisches Bassin war beständig übergeschwemmt worden, und ein Prozess beendete um 4000 Jahre v. Chr. Für seine Überschwemmung war Gibraltarsches Tor als breiter Übergang von 12,8 bis 37 km. Er war in Pliozän (bis 11 Millionen Jahre) geschaffen worden. Von beiden

14 Maurice Burton, Mora, karte i ljidi, Mladost, Zagreb, 1969, S. 78.
15 Horst Klien, Der Große Duden, VEB Bibliographisches Institut, Leipzig, 1971, S. 273.
16 Der große Reader's Digest Weltatlas, Verlag das Beste G.m.b.H. Stuttgart, 1963, S. 116 und 117.

Seiten, die Enge ist mit felsigem Massiv Gibraltar (424 m) und Jebel Musa (856 m) gebaut, bekannt als Columnae Herculis (Herculische Säulen). Tief wächst von West nach Ost. Mit Vorgebirge Trafalgar (300 m. Gibraltarische Schwelle, Beschützer des Mittelmeeres), das ist vom Atlantischem Ozean mit der getrennten pflanzlichen und tierischen Welt abgesondert worden, wie und mit Tarifon (760 m) auf Eingang von Ost mit 1000 m über Niveau des Meeres. Es besteht der Meeresstrom von der Oberfläche bis zur Tiefe von 25 m, welcher nach Osten gelenkt ist, und hat eine durchschnittliche Geschwindigkeit von 1 m/Sekunde."

Also dem „mit Vorgebirge Trafalgar (300 m gibraltarische Schwelle, Beschützer des Mittelmeeres) ist der Atlantische Ozean von der getrennten pflanzlichen und tierischen Welt abgesondert worden".

In Levante entstand die Blutgruppe A der Weißen, die älter war als vor 30.000 Jahre v. Chr.

Im Weltatlas[17] steht: **Pleistozän**: „... In den Warmzeiten lebte im Rheingebiet das Nilpferd ...".

Aber da im Rhein ein Nilpferd entdeckt wurde, gehörte Nordafrika und westlich von Rhein zum gleichen genetisch-geografischen Gebiet. Und Flora und Fauna des Atlantiks waren verschieden von jenen im Mittelmeer. Auch Aale gab es nicht in Kleinasien und südlich mit Nordafrika. Damit ist bestätigt, Flora und Fauna im Mittelmeer waren vom Wasserlauf der europäischen Flüsse abhängig. Nur mit süßem Wasser – Mittelmeer bestand nicht. Wenn Mittelmeer bestanden wurde, Aal wurde im Mittelmeer laichen, aber nicht in Sargasso-Meer.

Herbert George Wells[18] schreibt: „In den letzten vier Kapiteln haben wir beschrieben, wie bildende Länder aus primitivischer neolithischer Landwirtschaft geschaffen wurden. Das begann

---

17 Risto Ivanovski, Atlantida – falsifikat na Solon i Platon, Bitola, 2006, S. 61.
18 Der große Reader's Digest Weltatlas, Verlag das Beste G.m.b.H. Stuttgart, 1963, S. 116 und 117.

vielleicht vor 15.000 Jahren, und das irgendwo um das östliche Mittelemeer. Am Anfang bestand vorwiegend eine Hortikultur als Agrikultur. Vor der Verwendung des Pflugs verrichtete man die Bebauung mit Hacke, und Landwirtschaft diente am Anfang mehr als Zugabe der Jagd und Sorge um Schafe, Ziegen und Rinder, von denen zuerst familiärischer Stamm und kam hauptsächlich zum eigenen Bedarf.

„Wir haben Bilder über eine aufgeregten und braunäugigen Beobachter aus Kreta, wie er so wie heute die Spanier im Kampf mit den Stieren betrachtet, wo Kämpfer im Stierkampf Hosen tragen, und gürten sie fest um, eben wie die heutigen Toreadoren ...“[19]

Das war in Levante, nachher in ostmittelmeerischen Gebieten der weißen Rasse.

Im mediterranen Bassin, ohne Meerwasser, lebten die Weißen. Dort hatten sie eigene Zivilisation, mit eigener Entwicklung, mit Sprache der Pelasger, sogenannten Slawen.

In Levante fanden alle Verläufe der Entwicklungsperioden für Bau (Pyramiden, Häuser, Schriften) statt. Deswegen fanden sie sich in ganzer Welt schon in entwickelten Formen usw.

Hanns Joachim Friedrichs[20] gibt an: „Das sumerische Gilgamesch-Epos entsteht als früheste Sage von der Entstehung der Welt (Sintflut).“

Harald Haarmann[21] sagte: „Die Zustände auf dem Unterwasserplateau lassen das Ausmaß der Überflutung erahnen. Das, was die große Flut zu einer ökonomischen Katastrophe macht, liegt allerdings weit unter dem heutigen Wasserspiegel des Schwarzen Meeres. Das große Wasserreservoir der tiefen Senke des einstigen Euxinos-Sees ist biologisch tot. Dort leben

19 Herbert George Wells, Istorija sveta, Narodno delo, Belgrad, 1929, S. 112.
20 Ebenso, S. 124.
21 Hanns Joachim Friedrichs, Weltgeschichte, Eine Chronik, Naturalis Verlag, München, S. 12.

weder Fische noch Pflanzen, nur auf dem Meeresboden existieren Schwefelbakterien, es gibt kaum Licht und Sauerstoff ...“

Also das Schwarze Meer war ein Teil der Levante, wo Leute weißer Rasse lebten

Ljubomir Kljakić[22] schreibt: „Zivilisation Vinča. An Ost, Zivilisation Vinča wirkt Oberlauf des Maritza und pontisches Küstenland ein berührend mit Zivilisation Tripolje. Höchstens bis jetzt bekannt als archäologische Örtlichkeiten dieser Zivilisation, fanden sich in den Mittelgebieten des Donautals (Gonolova, Belgrad, Vinča, Banjica usw.), im Tal Morawa, im Bereich Kosowo und Methochien, in den Tälern Wardar und Makedonien, in Rumänien und Bulgarien aber artefaktische, materielle und geistige Kultur Vinča sind an Ägäischküsten, Insel und weiter bis Anatol rekognistiziert worden; entdeckt sind in Tal des Tisas und seine Nebenflüße an Nord.“

Da für diese Zivilisation keine Entwicklungsperiode gefunden worden ist, war ihre Entwicklungsperiode nur in Levante, wo die Weißen 0,5 bis 1,0 Millionen Jahre lebten.

Ljubomir Kljakić[23] sagt, was für Miloje M. Vasić schreibt Milan Budimir (1951):

„Wie ist mir bekannt, Prof. M.M. Vasić war als Erster in unserem Teil Europas, der hob sich gegen Nordiste auf und er brachte die karpatisch-nebendonauische Kultur mit Verbindung der Kultur des Anatols und östlichen Mittelmeers.“

„Grundrelation an die Vasić insistiert und hier, ist Verbindung zwischen nebendonauische Kulltur Vinča und Kulture der ägäischen Kultur. Er findet diese Verbindung mit Grund unzweifelhaft. Natürlich, feststellend dieser Verbindung konnte er nicht anders lösen, sondern als Beziehung, die stellt sich mit

---

22 Harald Haarmann, Geschichte der Sintflut, Verlag C. H. Beck oHG, München 2003. 16.
23 L. Kljakić, Oslobađanje istorije I-III, Prva knjiga, Početak puta, Archiv, Kljakić, Beograd, 1993, S. 24

jonischer Kolonisation in Tiefe des balkanischen Festland und Nebendonau her ...".[24]

„Intepretierende Ergebnisse eigener Untersuchungen: Beide Autoren veröffentlichten einige sehr wichtige Bemerkungen über bestimmte ähnliche oder identische Befunde über die Lokalität Banjica, die der Vinčakultur angehört, und Artefakt der Tripoljekultur ist. Todorović und Cermanovićeva stellten Ähnlichkeit in Art und Weise des Wohnens und Architektur fest, in Gebrauch waren Silos für Getreide, wie in Konstruktion und Bestimmung des Ofens. In Bezug auf den Ofen, betonen die Autoren, änderte sich ihre Konstruktion nicht durch ganze Urhistorie, durch die römische und slawische Periode.[25] Tripoljekultur umfasste die Gebiet Ukraina bis zum Schwarzen Meer ..."[26]

Banjische Gebäuden aus zweitem und drittem Horizont können wir gewiss und für Häuser der tripoljischen Kultur in Ukrainen verbinden, vergleichbar den Gebäuden der neolithischen Epoche in Mittel- und Westeuropa. Aber für uns ist die Tatsache sehr wichtig, dass ähnliche rechteckige Häuser und mit größeren Dimensionen zu finden waren wie sehr viel früher in ägäischen Gebieten. In einer früheren Phase des thessalischen Neolithikums in der Diminiphase, auf den Besiedlungen Ssko und Dimini, findet man Gebäude mit rechteckiger Form mit mehreren Abteilungen, einer Feuerstelle und einer Halle. Diese sind vom Typ Megaron. Dieser Typ der Häuser erschien sehr früh u. a in Vorderasien, wie z. B. in I. und II. Schicht Trojas."

Das Leben in den Gebieten der Donau und des Schwarzmeeres war Teil der Levante.

„... Laut Britannischer Enzyklopädie, war der Begriff Pelasg mit makedonischem Pelagonien verbunden ..."[27] Auf Pela-

---

24 L. Kljakić, Oslobađanje istorije I-III, Prva knjiga, Početak puta, Archiv, Kljakić, Beograd, 1993, S. 38
25 Ebenso, S. 40.
26 Da sich Ofen während „römische(r) und slawische(r) Periode" nicht änderte, gab es kein Slawenvolk.
27 Ebenso, S. 49.

gonien bestand die älteste Ansiedlung in Europa, bis heute um 8000 Jahre, Veluschka Tumba (Hügel) bei Dorf Porodin – Bitola, R. Makedonien, mit dem ältesten Haus,[28] welches schon ist bekannt in der Welt.[29] Im Osten gab es einen großen See (Bitolsko-Blato-Sumpf)[30] und im Westen das Babagebirge. Neben Veluschka Tumba lag die Kaiserstraße, während des Römisches Reiches die Via Egnatia, die war neben makedonischer Stadt Heraklea Linka von Philipp der Makedonier. Ostlich von Veluschka Tumba aus befand sich Stadt Linka, wo die Mutter von Philipp der Makedonier geboren worden war. Pelagonien blieb voll mit Ansiedlungen.

Harald Haarmann[31] sagte: „Frühe Populationen in der Schwarzmeerregion gelten als der genetische Fingerabdruck und bergen sprachliche Relikte.

Wer waren diese mesolithischen Wildbeuter, die in vorsintflutlicher Zeit die Schwarzmeerregion und den ägaischen Inselarchipel bewohnten und die auch schon früh mit Booten küstennahe Gewässer befuhren? Noch vor wenigen Jahren tappten Archäologen und Anthropologen weitgehend im Dunkeln, was die ethnische Identität jener Menschen betrifft. Erst die humangenetische Forschung hat in den 1990er Jahren einen entscheidenden Durchbruch erzielt. Als Teilergebnis des internationalen Human Genome-Projekts, des bislang größten und kostspieligsten Forschungsprojekts der Wissenschaftsgeschichte, sind die genetischen Strukturen der Weltbevölkerung katalogisiert und kartiert worden (Cavalli- Sforza et al. 1994). Die genetischen Informationen sind wie ein Fingerdruck, der es er-

---

28 Branko Vukušić, O Trojansko slovenskoj misteriji, Pešić i sinovi, Belgrad, 2003, S. 61.

29 M. Gimbutas, „CIVILIZATION OF THE GODDESS", San Francisco, 1991 Jahr.

30 Um das Alter zu verbergen, folgte es der Befehl von SANU (Serbische Akademie ...) alles zu vernichten.

31 Der Sumpf in Nähe Bitolas war nur ein Rest des Pelagonischen Sees, der blieb bis zum Jahr 1963.

möglicht, die Herkunft und die Konzentration von Genkombi-
nationen (Genomen) Jahrtausende in der Evolutionsgeschichte
zurückzuverfolgen.

Die genetischen Strukturen der Populationen in Europa und
Westasien zeichnen sich durch fünf Hauptkomponenten aus,
die in unterschiedlicher Konzentration in den verschiedenen
Regionen vertreten sind. Jede dieser Hauptkomponenten entspricht einer Bündelung von insgesamt 95 Einzelgenen, deren
Kombinatorik bestimmte Grundmuster, eben die Hauptkomponenten, zeigt. Die räumliche Konzentration der Hauptkomponenten kann kartografisch illustriert werden. Für unser
Thema von besonderem Interesse ist die Karte, die die die geo-
grafische Verbreitung einer Genkonstellation illustriert, die
von der Humangenetikern der „mediterrane Genotyp" genannt
wird (Abb. 3).[32]

Auf den ersten Blick fällt auf, dass die Populationen, für
die dieser Genotyp charakteristisch ist, rings um das Ägäi-
sche Meer und in einem weiten Bogen um das Schwarze Meer
herum verbreitet sind. Eine hohe Konzentration für den mediterranen Genotyp ist sowohl für Südosteuropa als auch für
das westliche Asien ausgewiesen. Wir haben es hier mit „au-
genfälligen" Übereinstimmungen zu tun, die den einen Schluss
zulassen: Im Genotyp der Bevölkerung auf beiden Seiten der
Ägäis und der südlichen Schwarzmeerregion finden wir die
genetischen Spuren (gleichsam Fragmente eines genetischen
Fingerabdrucks) einer alten Population mit gemeinsamen ethnischen Wurzeln".

Die Levante bedeutet makedonisch = sog. slawisch mit Flüs-
sigkeit Levante zu levan = levan = n = leva = gießen; mediter-
ran = Mittelmeer fanden sich zwischen alten Kontinenten usw.
Mediterrane Menschen der weißen Rasse mit Blutgruppe 0 und
A siedelten sich überall an.

---

32 Harald Haarmann, Geschichte der Sintflut, Verlag C. H. Beck oHG,
    München 2003, S. 32.

Die Traditionen der Weissen

Andreas K. Heyne[33] schreibt: „Religion und Kultus. Auffallend ist, daß man nirgends Tempel oder Altäre gefunden hat ganz im Gegensatz zu Mesopotamien und Ägypten. Dafür zahllose kleine Frauenstatuetten, die sehr wahrscheinlich Abbildungen einer Göttin sind. Vermutlich handelt es sich um eine Muttergöttin, wie sie heute noch in Indien verehrt wird.

Auf vielen Siegeln sieht man einen von Tieren umgebene sitzende Gestalt –ohne Frage die früheste Form Shivas, des einen der beiden großen Götter des Hinduismus. Auch das würde darauf hindeuten, daß der Hinduismus eben nicht nur die importierte Religion der Arier war, sondern durch Verschmelzung mit der ältesten Kultur des Industales entstanden ist. Es finden sich so viele Tiere auf Amuletten und Siegeln, daß man daraus auch auf eine große Anzahl Tiergötter schließen darf.

Auf Friedhöfen trat man erst an fünf Grabungsorten im Industal, diejenigen von Harappa sind für uns am aufschlußreichsten. Interessant ist, daß sich in den älteren Grabstätten erdbestattete Skelette finden, in den jüngeren hingegen Urnen, die aber nicht Asche, sondern intakte Teile von Skeletten enthalten.

Die Skelette liegen fast stets in West-Ost-Richtung, und es findet sich überall rote Töpferware mit schwarzem Muster als Grabbeigabe. Manche Skelette waren in Schilfmatten eingewickelt; diese Sitte ist eindeutig mesopotamischen Ursprungs.

Die Urnen wurden oft mit Pfauen und Rindern verziert – ihre Bedeutung lässt sich nur erahnen. Vielleicht waren es Begleiter auf der Reise in das nächste Leben? Der Übergang von der Erdbestattung zur Urnenbestattung zeigt jedenfalls eine Ände-

---

33 Andreas K. Heyne, Wenig bekannte Hochkulturen, Editiones Roche, Basel, 1993, S. 26.

rung des Kultus bereits vor der arischen Einwanderung. Nach wedischem Ritus werden Verstorbene ja noch heute auf einem Scheiterhaufen verbrannt – gelegentlich samt ihren Witwen."

Thor Heyerdahl fand auf den Malediven Steine mit Schriftzeichen, die denjenigen des Industals ähneln. Sie stammen aber aus buddhistischer Zeit, also lange nach dem Untergang der Industal-Kultur.[34]

Erheiternd ist ein Buch von L. A. Wedell mit dem Titel *Die Enthüllung der Summerer im Industal als Phönizer.*

Nach Andreas K. Heyne:[35] „Ägyptische Einflüsse auf die Pyramiden Südamerikas (mit Darstellungen von Elefanten) sind ebenso offensichtlich wie Übereinstimmungen zwischen der japanischen Dschomon-Kultur und der Valdivia-Kultur in Mittelamerika. Die städtebauliche Anlage von Mohenjo-Daro im Industal ist den Ruinenstädten im bolivischen Dschungel derart ähnlich, daß es schwerfällt, an Zufälle zu glauben."

„Die Zeremonien in den Tempeln erinnern teilweise an babylonische Überlieferung, teilweise an griechische – vor allem die Art der Hethiter, ihren unsichtbaren Göttern sehr menschliche Eigenschaften und Schwächen zuzuerkennen, mit ihnen zu argumentieren und zu feilschen. Natürlich wurden auch Opfer dargebracht – Schafe vor allem, aber auch Geflügel und Schweine. Gelegentlich mag einmal ein Kriegsgefangener geopfert worden sein, doch wird von Menschenopfern sehr selten berichtet. Ein durch und durch menschliches Volk, die Hethiter.[36]

Ihre Toten – gleich welchen Standes – wurden auf dem Scheiterhaufen verbrannt, der nachher mit Bier oder Wein gelöscht werden musste. Die Gebeine wurden in Öl gelegt, dann mit kostbarem Tuch umwickelt und begraben, während man zahlreiche Trauergäste mit Brot und reichlich Wein bewirtete. Wie lasen wir doch bei Homer?

„… trugen sie unter Tränen hinaus den tapferen Hektor, legten hoch auf die Scheite den Leichnam und schürte Feurer …

---

34 Ebenso, S. 29.
35 Ebenso, S. 31.
36 Ebenso, S. 53.

22

Aber nachdem sich am Platz vereint die Menge versammelt, lösch-ten mit funkelndem Wein sie erst völlig den Holzstoß ...

Und sie legten die Reste dann nieder in goldener Truhe, eingehüllt in weiche und purpurne Gewänder."

Vergessen wir nicht, dass auch Troja in Kleinasien lag. Und dass es zur gleichen Zeit zerstört wurde wie das Hethiterreich.

Menschenopfer, Kannibalismus und Abschneiden passierte nur Leuten der dunklen Rassen.

„Der Streit zwischen diesen sogenannten Diffundisten und den Isolationisten war und ist völlig unsinnig. Denn recht haben beide. Natürlich hat es in Südamerika Einflüsse von Afrika und Asien gegeben; Meere waren in der Geschichte der Menschheit niemals unüberwindliche Grenzen. Die Pyramiden von Copán und Palenque und die Darstellung eindeutig afrikanischer Elefanten auf mehreren Reliefs beweisen solche Zusammenhänge ganz eindeutig. (Es hat in historischer Zeit nie Elefanten in Amerika gegeben.)."[37]

„Land und Leute. Peru besteht aus sehr gegensätzlichen Landschaften ..."

„In dieser Wüste mit ihren Flussoasen entstand um 300 vor Christus in der Nähe der heutigen Stadt Truillo, im Tal des Moche-Flusses, die Kultur der Moche. Sie breitete sich im Laufe mehrerer Jahrhunderte nach Norden bis in das Nepeñatal aus. Erfindungsgeist und Arbeitseinsatz, gesteuert von einer starken politischen Macht, rangen dem trockenen Boden Nahrung für eine große Bevölkerung ab. Die Moche besiedelten und bebauten ein Gebiet von etwa 250 km von Norden nach Süden und nahezu 50 km von Osten nach Westen."

„Diese Pyramiden, Huacas genannt, haben schon Genera-tionen von Räubern überstanden, ja man kann von einer bald 500-jährigen Tradition der Plünderung sprechen. In den gewal-tigen Bauten wurden Grabkammern mit Schätzen vermutet, wie wir sie auch aus Ägypten kennen. Aber so leicht wie in Ägypten wurde es den Räubern und Archäologen hier nicht gemacht."[38]

---

37 Ebenso, S. 79.
38 Ebenso, S. 80.

„Die gefangenen Gegner wurden gefesselt und mit einem Strick um den Hals nackt dem jeweiligen Herrscher vorgeführt. Sie waren meist als Opfer für Gottheiten bestimmt und wurden in aufwendigen Zeremonien getötet, nur wenigen war es vergönnt, als Sklaven zu überleben. Grausame Bräuche, die jedoch nicht nur bei den Moche üblich waren, womit wir beim nächsten Thema wären."[39]

„Die Priester bestimmten sogar die Verteilung des Wassers, planten den Anbau und teilten jedem seine Arbeit zu. Mit beeindruckenden Kultbauten – Pyramiden – demonstrierten sie ihre Verbindung zu Gottheiten, denen sie in diesen Wallfahrtszentren auch Opfer bringen ließen, um sie den Menschen günstig zu stimmen. So wurden Kriegsgefangene spektakulär geopfert, um die Fruchtbarkeit des Bodens zu fördern – und gleichzeitig die Macht der herrschenden Schicht zu beweisen."

„Das Opfer war der wichtigste Aspekt des Kultes. Seiner Verbreitung, Eigenständigkeit und Bedeutung nach steht dabei das Kinderopfer an erster Stelle. Zwar werden auch Opfer von Erwachsenen bezeugt. Hannibal ließ nach einer erfolgreichen Schlacht 3000 Gefangene umbringen. Man opferte aber auch Tiere: Stiere, Lämmer, Hammel und Vögel. Auch Weihrauch und Nahrungsmittel kamen auf die Ältere.[40]

Das größte Aufsehen erregten bei der Nachwelt aber die Opfer, bei denen Kinder, selten älter als zwei Jahre, dem Gott Baal Hammon und der Göttin Tennit dargebracht wurden. Man führt diesen Kult auf die Vorstellung zurück, dass ein Regent gleichsam mit einer für das Gemeinwohl unentbehrlichen Energie versehen ist, die aber im Laufe der Zeit abnimmt. Ihre Erneuerung ist durch das Selbstopfer möglich, das den sich Darbietenden zur Gottheit macht und so die Gemeinschaft gedeihen lässt.

Das Kinderopfer wurde Molk genannt und wird von antiken Autoren immer wieder erwähnt. So schildert Plutarch, wie die Karthager ihre eigenen Kinder opferten. Der Priester nahm das

---

39 Ebenso, S. 87.
40 Ebenso, S. 170.

rituell getötete Kind und legte es einer Baalstatue auf die Arme, von wo der kleine Körper in die mit Glut gefüllte Grube rollte. Eine Stelle zeigt einen solchen Priester mit dem zum Opfer vorgesehenen Kind auf dem Arm.

Das uns so fremd anmutende, an Abraham ergangene Gebot, Gott seinen Sohn Isaak zu opfern, entspricht wohl eher dem religiösen Denken der Karthager als unserer Vorstellung von Religion. Dem Ritus wurde hoher Wert beigemessen – Flöten- und Tamburinspieler ließen ihre Instrumente ertönen, Vater und Mutter des Opfers waren anwesend, keine Träne durfte zu sehen, kein Seufzer zu hören sein. Das geopferte Kind wurde vergöttlicht, durch das vergossene Blut die Kraft der Gottheiten erneuert und das Gemeinwohl garantiert."

Ansiedlungen der Thraker Nord von Donau und Karpaten

Gustav Weigand[41] schreibt: „**Die Thraker**.[42] Das größte und mächtigste der alten Völker der Balkanhalbinsel waren zweifelsohne die Thraker,[43] die nicht nur den ganzen Osten und das Zentrum der Balkanhalbinsel einnahmen, sondern auch große Gebiete jenseits der Donau und sogar noch nördlich der Karpaten

---

41 Gustav Weigand, Ethnographie von Makedonien, Friedrich Brandstetter, Leipzig, 1924, S. 4.
42 Über die Thraker sind wir ziemlich gut unterichtet durch die trefflichen Arbeiten von Tomaschek: Die alten Thraker, Wien 1893, und neuerdings durch die recht beachtenswerten Schriften von Dr. G. Katzaroff, Lebensweise der alten Thraker (bulg.), Sofia 1912 und derselbe: Beiträge zur Kulturgeschlechte der Thraker, Sarajevo 1916, in denen manches neue Material verbreitet ist.
43 Herodot sagt, die Thraker seien nach den Indern das zahlreichste und wenn sie unter einem Herrscher vereinigt wären, wären sie das mächtigste Volk und unbesiegbar, da sie aber uneinig seien, seien sie schwach.

erobert hatten und sich dort ansässig machten. Auch nach Kleinasien und nach Griechenland hin hatten sie sich ausgedehnt.[44]

Im Gegensatz zu den echten Makedoniern hatten sie eine von
der griechischen recht abweichenden Kultur und Lebensweise.
Um nur einiges anzuführen: Die Thraker lebten in Vielweiberei,
die verheirateten Frauen waren aber zur strengen Beobachtung
der ehelichen Treue verpflichtet, wohingegen man den Jungfrau-
en große Freiheit in geschlechtlichen Beziehungen gestattete.
Die Frauen wurden für Geld gekauft, konnten aber von den Eltern gegen Erlegung der Kaufsumme zurückgenommen werden,
wenn sie Ursache zur Unzufriedenheit hatten. Den Frauen lag
auch die Bearbeitung der Felder und der Hausarbeit ob, sie waren vor allem die Arbeiterinnen im Haushalte und wurden danach bewertet. Der Kauf der Frauen und ihre niedere Stellung
und ihre Bewertung als Arbeitskraft findet sich auch heute besonders ausgeprägt bei den makedonischen (Einwohner, R.I.), ich
sehe aber gar keine Veranlassung, dies speziell auf thrakischen
Einfluß zurückzuführen, dafür ist viel zu weit auch anderwärts
unter Slawen verbreitet.[45]

Besonders auffallend war den Alten die thrakische Sitte sich
zu tätowieren, und zwar nicht nur das Gesicht, sondern auch
den Körper, sowohl beim männlichen als auch beim weiblichen
Geschlechte. Es sind genug Tonfiguren und Vasenbilder gefunden worden, aus denen die Tätowierung sich erkennen läßt. Es
handelt sich nicht nur um regelmäßige Linienführung, Sternchen, Räder usw., sondern auch um Pflanzen- und Tiernachbil-
dung. Sehr auffallend ist das Fortbestehen der Tätowierung bei
dem aromunischen Stamm[46] der Farscherioten, die die Stirn mit
einem blauen Kreuze oder Sternchen schon in früher Jugend tä-

---

44 Paul Kretschmer, Einleitung in die Geschichte der griechischen
    Sprache, S. 177 ff.
45 Es gab keine Slawen als Volk und die Makedonier waren nicht aus-
    gestorben- die Bulgaren waren nur Tataren.
46 Es gab nur Walachen, Vlasen als Hirten. Walachen nach Veles (Vo-
    los) Gott der Slawen (Kavendisch-Ling …).

towieren. Der Bericht einiger moderner Reisender, die dasselbe von griechischen Hirten[47] melden, beruht auf einem Irrtum, es handelt sich dabei lediglich um Farscherioten (s. weiter unten). Ein besonders charakteristischer Zug eines thrakischen Stammes ist die Anschauung, daß die Geburt eines Kindes keine Veranlassung zur Freude sei in Anbetracht der Mühsal des Lebens, und der Tod eines Menschen keine Ursache zur Trauer, da der Verstorbene das irdische Jammertal verlassen habe. Jedenfalls finden wir bei keinen der jetzigen Balkanvölker eine derartige Anschauung verbreitet, wenn mir auch vielfach eine große Gleichgültigkeit gegen den Tod bei den Männern aufgefallen ist; aber doch wird allgemein vonseiten der Frauen großes Klagegeschrei und Totenklage erhoben, und zwar nicht nur bei den Slawen, sondern auch bei den Griechen, christlichen Albanesen und den Aromunen."

Also, die Slawen (die Makedonier ...), Hellenen, Albanasen und Walachen ein Volk"

„**Die Sprache der Thraker.** Wenn wir absehen von einer neuerdings gefangenen Inschrift, deren Entzifferung aber trotz Hirt[48] Versuch noch nicht gelungen ist, so besitzen wir auch fürs Thrakisch keine zusammenhängenden Texte, allein wir haben doch eine ganze Anzahl von Glossen (s. Tomaschek 1. c.), besonders Pflanzennamen betreffend, ferner viele Orts- und Personennamen zur Verfügung, die uns nur Sicherheit zeigen, daß das Thrakische eine indogermanische Sprache ist, sondern auch, daß es zweifelsohne zu den Satem-Sprachen zu zählen ist. (Indoeuropäische Sprache, R.I.)

Einige der Pflanzennamen sind im Albanischen erhalten, z. B. überliefert: mozula und mizela, alb. módhulë, älter mo(a) zulă, woraus rum. Mazăre entleht wurde. Die Bedeutung im Alb. ist ‚Mutterkorn, Unkrautsamen, Wieckensamen' und im Rumä-

---

47 Walachen Vlasen nur von Vlasi-na = vlakina = Faser von Haare waren Hirten- Hirten (Georgi Ostrogorski ...).
48 Indogermanische Forschungen 37, S. 209.

nischen ‚Erbse‘, während bei Dioskurid ‚Thymos‘ angegeben wird. Das kann aber nicht hindern, an der Identität der Wörter zu zweifeln, denn es handelt sich ja um einen leicht erklärlichen Übergang in der Benennung von Samen von Thimian, Mutterkorn, Wicken, Erbsen. Sicher ist ferner mantia Brombeere, alb. mandä (oder mase.) Maulbeere, manda-ferra Brombeere (eigentlich Maulbeer mit Dornen). Manche anderen Fälle sind zweifelhafter Natur, aber es erhielt, daß thrakische Wörter im Albanischen und durch dessen Vermiitlung im Rumänischen vorhanden sind.

Auch eine ganze Reihe von thrakischen Orts-, Fluß- und Gebirgsnamen wie Skupi – Skopje (türk. Usküb), Astapus – Schtip, Bylazora – Weles (türk. Köprülü), Strymon – Struma, Skardus – Schar usw., und selbst der thrakische Personennamen ‚German‘ sind bis heute bewahrt worden. Der Landschaftsname ‚Dadanien‘ erklärt sich durch Albaneschische als ‚Birnenland‘ (dardehë ‚Birne‘).“[49]

„Einige der makedonischen Stämme waren thrakisch, wie z. B. die Bisalten, Krestonaeer und die Bottianeer im östlichen Makedonien, dann vor allem die Paeonier in Nordmakedonien in der Landschaft Pelagonien, andere wieder mehr im Westen mögen zu den Illyrern gehören, wie es von den Lynkestai und Elimirtae bezeugt wird (Thukydides 2, 99 und 2,169). Und an der Küste und sicher auch in den Städten im Innern haben sich schon sehr frühzeitig griechische Kaufleute angesiedelt und griechische Kultur verbreitet, aber immer wurden die Makedonier nach dem Zeugnis der Alten (Thukydides 2, 68, Strabo 10, 449) als Halbbarabaren bezeichnet. Paul Kreteschmer (Einleitung in die Geschichte der griech. Sprache, S. 288) meint, daß die Makedonier ein den Griechen eng verwandtes Volk zu sein scheinen.“[50]

Also, die Makedonier, die Thrakier, die Illyrer und die Hellenen waren nur ein Volk.

---

49 Dardanien = dar dan- mythologisch. Dardanien war nie für die Birnen. Das blieb bis heute und ist für immer ...
50 Ebenso, S. 4.

„Die Illyrer. Wenn die Thraker das Zentrum und den ganzen Nordosten der Balkanhalbinsel einnahmen, so die Illyrer den Nordwesten. Sie sind außerdem weit über den Balkan hinaus vorgedrungen; nicht nur in Oberitalien finden wir die illyrischen Veneter, sondern auch auf der Südostküste der Apeninnenhalbinsel begegnen wir den Japygern und Messapien, deren Sprache als zum Illyrischen gehörig erwiesen ist. Wie weit sie nach Süden auf der Balkanhalbinsel gekommen sind, ist nicht ganz sicher, Epirus scheint in seinem südlichen Teil schon in vorgeschichtlicher Zeit starkgriechisch gewesen zu sein, dann aber folgte ein Vordringen der Illyrer nach Süden.

Die Grenze zwischen Illyrern und Thrakern ist im Norden leicht zu ziehen. Es ist ein Irrtum anzunehmen, daß der Timok jemals eine Völkerscheide gewesen sei. Auch heutzutage wohnen in seinem Unterlauf zu seinen beiden Seiten Rumänen (im serbischen Negotiner und bulgarischen Widiner Kreis) im Mittel- und Oberlaufe Bulgaren. Da die Donauklisura (der sogenannte Kasanpaß) durchaus unzugänglich war und auf Südufer auch heute noch ist, so konnten die von Norden kommenden Eindringlinge nur östlich oder westlich jenes wilden Gebirges (jetzt Golubinjegebrige, bis über 1300 m hoch)[51], das sich zwischen Morawa und Timok erstreckt, und im Mittelalter unter dem Namen ‚Bulgarwald‘[52] berüchtigt war, nach dem Balkan gelangen; sie kamen also entweder aus der heutigen Walachei oder aus der ungarischen Ebene. Im Morawatale selbst konnte dann wieder ein Zusammenfließen stattfinden, aber dann legt sich weiter südwestlich wie ein Querriegel der Scardus Mons, das Schargebirge, vor. Eine gerade Linie von Milanowatz an der Donau über Nisch nach Ochrida bildet die ungefähre Grenze zwischen Illyrern und Thrakern im Altertum, zwischen Serben und Bulgaren im Mittelalter,

---

51 Übersiedlung der Slawen war eine Lüge. Übersiedlungen waren durch Brücken-die Slawen waren unbekannt.
52 Also, Begriff Bulgar hatte nichts Ethnisches für Bulgare. G. Weigand Bulgariensakademiker war probulgarisch.

in der Neuzeit aber haben sich Albanesen zwischen beide Völker eingeschoben.[53] Nach Makedonien sind sowohl Thraker wie Illyrer eingewandert, wie bereits oben erwähnt;[54] eine scharfe Scheidung ist also dort unmöglich, wir haben es vielmehr mit Makedoniern, stark vermischt mit Thrakern und Illyrern, und an der Küste und in den Städten mit Griechen zu tun.[55] Über die Sprache der Illyrer sind wir noch viel weniger orientiert als über die der Thraker; Glossen fehlen ganz, Inschriften sind auf dem illyrischen Gebiet der Balkanhalbinsel nicht gefunden worden, wohl aber in großen Zahl bei den Venetern und Messapiern.[56] Aus diesen und aus den Eigennamen kann man aber mit Sicherheit die Zugehörigkeit zum Indogermanischen, und zwar zu den Kentum-Sprachen erkennen. Sprache, Volkstum und Typus der Illyrer waren wesentlich abweichend von dem der Thraker. Eine gegenseitige Beeinflussung in der Sprache besonders durch Lehnwörter darf und muß man bei zwei Völkern, die jahrhundertelang auf einer großen Strecke sich berührten und stellenweise zusammenwohnten, ohne Weiteres annehmen. Über die sprachliche Stellung des Illyrischen verbreitet sich H. Hirt in Festschrift für Kiepert S. 181; s. Auch P. Kretschmker op. Cit. S. 244 ff."

Biologisch war es unmöglich, auf Balkanhalbinsel mehr Völker zu leben – nur Pelasger.

„Das ist in kurzen Zügen ... Auch die Art der Musik und des Tanzes der Rumänen weisen ganz entschieden auf den Balkan. Ich möchte hervorheben, daß ich durchaus unabhängig von Tomaschek zu den im Wesentlichen selben Resultaten wie er gekommen bin und bezüglich der Albanesen freue ich mich, daß auch

---

53 Damit ist bestätigt, die Serben und Bulgaren waren einheimisch. Aber die Albanesen hauptsächlich Kaukaser.

54 Also, die Makedonier waren auch die Thraker und die Illyrer. Damit ist es klar, sie waren ein Volk Pelasger ...

55 Es gab keine Griechen, sondern nur Hellenen, die wie die Makedonier nur ein Volk waren, nur die Pelasger ...

56 Veneten waren sog. Slaven, die sprachen barbarisch wie die Makedonier, Sklawinier = sog. Slawen seit dem 6. Jh.

mein Freund H. Hirt in der Kiepert-Festschrift (Berlin 1898) auf Grund der indogermanischen Sprachforschung die unhaltbare, aber festgefahrene Meinung von dem Illyrismus der Albanesen bekämpft hat, wofür sich nichts anderes als die Örtlichkeit anführen läßt, was bekanntlich ein schlechter Beweis ist. Auch der gänzliche Mangel einheimischer Wörter auf dem Gebiet der Fischerei und Schifffahrt weisen darauf hin, daß wir es mit einem Binnenlandvolk zu tun haben, während die Illyrer tüchtige Seefahrer waren.[57] (Die Illyrer Dalmatiner-Albanaser Epiroten, R.I.)

Ich möchte die Aufmerksamkeit noch besonders auf den Umstand lenken, daß auch die Gestalten des Volksaberglaubens, ihre Eigenschaften, ihr Charakter, ja sogar teilweise die Namen bei den Albanesen, Bulgaren und Rumänen gleich sind, wodurch die Rumänen aufs Engste mit den Balkanvölkern verbunden sind ..."

Also, es gab nur die Arbaner, aber keine Albaner – Albanien war ein Land auf Kaukasus.

Nord von Donau und Schwarzmeer ohne slawischer Befund

Corvina Kiadó[58] schreibt: „Die Gründung des Ungarischen Nationalmuseums geht auf das Jahr 1802 zurück. Wie in ganz Europa trug das Geistesgut der französischen Aufklärung auch in Ungarn maßgeblich dazu bei, die Privatsammlungen aristokratischer Kunstliebhaber der breiten Öffentlichkeit zugänglich zu machen. In Ungarn wurde das Zustandekommen eines Nationalmuseums noch durch weitere Impulse gefördert. Die jahrhundertelange Herrschaft der Habsburger hatte einen star-

---

57 Ebenso, S. 13.
58 Corvina Kiadó; Budapester Museen, Marianna Haraszti-Takács Turcsány, Budapest 1985, S. 5.

ken nationalen Widerstand ausgelöst. Es begann der Kampf um die Anerkennung der ungarischen Sprache als Amtssprache und um die Würdigung der Denkmäler der geschichtlichen Vergangenheit Ungarns. Diese Bestrebungen fanden in der Gründung des Ungarischen Nationalmuseums und der Ungarischen Akademie der Wissenschaften ihren Ausdruck."

1. „Ernen aus Center. 2. Jt. v. u. Z. Zusammengehöriger Grabfund von einem 1958 erschlossenen Gräberfeld[59] ...Die Darstellung der menschlichen Gestalt auf den Urnen ist äußerst vereinfacht. Die Gefäße dürften im zeitgenössischen religiösen Leben eine Rolle gespielt haben. Analogien finden sich in Troja.
2. Wagenförmiges Gefäß von Budakalász 3 Jtd. v. u. Z. Gebrannter Ton ... 1952 in Budakalász aus dem Grab eines der Gräberfelder der Badener Kultur zum Vorschein gelangt ... Der Wagen dürfte in Mesopotamien angefertigt und von dort nach Europa gelangt sein ...
3. Goldene skytischge Hirsche. a) Goldener Hirsch von Zöldhalompuszta. 2. Hälfte 6. Jh. v. u. Z. ... b) Goldener Hirsch von Tápiószentmárton. Etwas jünger als 3a ...
4. Bronzenkrug und Patera. 1. Jh. v. u. Z. 1831 in Egyed bei Erdarbeiten zufällig aufgefunden.
   a) Krug. Bronze mit Silber und Gold ... Die Öffnung des Kruges ist mit einem Eierstabmuster, der Halsteil mit Rebenranken verziert. Um die Schulter läuft ein Kymation, und unter einer Doppelspiralenliste ist eine Bilderfolge ägyptischer Götter in einer Isis-Prozession dargestellt. Unter dem Fries finden sich wieder Pflanzenmotive, und den Fluß umrahmt ein herzförmiger Palmettendekor. Weinranken und Blätter am Hals des Bronzekruges sind aus Silber, die Trauben aus Golf. Goldfäden grenzen die einzelnen Figuren ab.

---

59 Ebenso, S. 10.

b) Die Patera besteht aus einem gegossenen Bronzestiel und einer kupfernen Schale ... Der Stiel ist reich verziert. Das Äußere der Schale ist unverziert, den inneren Rand bedecken Blattranke und zwei Reihen Akanthusblätter, das mittlere Bild der Patera stellt eine Nilszene dar. Die Dekorationselemnte der beiden hier beschriebenen Gefäße, der Fries des Kruges mit den ägyptischen Göttern und die Nillandschaft des Pateraornaments ordnen diese dem Kreis der für Alexandrien bezeichneten späthellenischen Kunst zu.

5. Diatretglas (Vas diatretum). Anfang 4. Jh. Höhe: 12 cm. 1845 bei Ausgrabungen in Szekszárd in einem verzierten frühchristlichen Sarkophag gefunden. Angefertigt wurde das Glasgefäß wahrscheinlich in Köln, von wo es offensichtlich auf dem Handelsweg nach Pannonien gelangte. An der Außenseite des blauweißen tassenförmigen Diatrenglases ist eine umlaufende griechische Inschrift in erhabenen Lettern zu lesen:‚Opfere dem Hirten, trink, und du wirst leben'. Unter der Inschrift findet sich ein gleichfalls erhabenes, durchbrochenes Kragenornament aus dem gleichen Material wie der Gefäßkörper und die griechischen Buchstaben. Den Fluß des Gefäßes bilden aus Glas geblasene Schnecken und Fische, die dem Gefäßboden aufgesetzt wurden. Der Inschrift nach gehört das Diatretglas zur frühchristlichen Hinterlassenschaft der römischen Provinz Pannonien.

6. Spätrömischer Prunkhelm. 2. Hälfte 4. Jh. Eisen mit vergoldetem Silber und Halbedelstein. Hohe: 13 cm; Längsdurchmesser: 24 cm; Breite: 17 cm. 1898 beim Bau der Budapester Elisabethbrücke aus der Donau geborgen. Der reich verzierte Helm, vermutlich für einen Feldherrn bestimmt, stammt aus dem am linken Donauufer vorgeschobenen römischen Kastell. Vergoldetes Silberbleich überzog den eisernen Helm, von der Stirnmitte bis zum Nacken zog sich ein niedriger Kamm. Den unteren Helmrand schließen figurale Ornamente ab. Neben erhaben punzierten Verzierungen kommen auch geometrische Muster vor. Die Außenseite der Helmkalotte schmücken Halbedelsteine (grüne, weißgestreifte-violette und opalfarbene) in punzierten Einfassungen.

7. Goldfibeln aus dem II. Hortfund von Szilágysomlyó. Ende 4., Anfang 5. Jh. Hergestellt in der Pontus-Gegend. 1899 bei Feldarbeiten aufgefunden.

   a) Onyx-Goldfibel. Den Kopf der Spange bildet eine 7 cm lange oktogonale Querstange, an deren Enden und in der Mitte je eine zwiebelförmige Goldkugel ist ...

   b) Goldfibel. Teil eines großen Fibelpaares. Silber, mit Goldblech überzogen. Der halbrunde Fibelkopf mit einem Knopf in der Mitte wird von zwei Reihen gedrilltem Golddraht gesäumt ...

8. Bronzekessel von Törtel. Ende 4., Anfang 5. Jh. ... Die Gußform des zyilindrischen, unten abgerundeten Bronzekessels bestand aus vier Stücken ... Die auf ungarischem Gebiet erschlossenen bronzenen Opferkessel bilden eine Stilgruppe, sie stammen aus der gleichen Zeit, und ihr zentrales Verbreitungsgebiet war die Nordküste des Schwarzen Meeres ...

9. Awarische Riemenzungen. 8. Jh. a. Riemenzunge. Bronze. Ornament: Komposition aus Pflanzenmotive. Länge: 15,6 cm; Breite: 3,3 cm. Fundort: Szebény, awarisches Gräberfeld, Grab 335. b. Riemenzunge. Bronze, gegossen und vergoldet. Ornament: Ranken und Tierkampfszene. Länge: 11,8 cm; Breite: 3,2 cm. Fundort: unbekannter Ort in Ungarn. C. Riemenzunge. Bronze. Ornament: durchbrochener Blumenrankenschmuck. Länge: 13,8 cm; Breite: 3 cm. Fundort: Regöly. Die Riemenzungen waren die größten Beschläge der als Rangabzeichen dienenden awarischen Gürtel. Die Tier- und Pflanzenverzierungen gehören zum typischen Motivschatz der Nomadenkunst.

10. Taschenplatte aus Tarcal. 10. Jh. Silber und Kupfer, Länge: 13,4 cm; Breite: 12,4 cm. Grabfund aus Tarcal, 1894 und einem Weinberg erschlossen. Die vordere Silberplatte wurde mit der rückwärtigen Kupferplatte so zusammengenietet, daß die Silberplatte von einem schmalen Silberband umsäumt wurde. Die Verzierung bildet ein Pflanzenmotiv in Flachrelief mit schwach vergoldetem Hintergrund. Solche Platten schmückten die ledernen Taschen der landnehmen-

den Ungarn. Die Technik der Taschenplatten hat in Südrußland uralte Tradition. Ihr Formenschatz läßt sich aus der persisch-sassadinischen Kunst ableiten.

11. Krone des byzantinischer Kaisers Konstantin IX. (Monomachos). Gold, mit byzantinischer Zellschmelzverzierung. Länge: 11,5 cm; Breite: 4,8 cm. Fundort: Nyitraivánka (Ivanka pri Nitre, ČSSR). 11a. Detail der Krone des byzantinischen Kaisers Konstantin IX. (Monomachos) mit Kaiserbild. Im Besitz des Ungarischen Nationalmuseums befinden sich sieben rechteckige, oben abgerundete Goldplatten. Sie wurden 1860 beim Pflügen gefunden. Das hier abgebildete Detail der Krone zeigt Kaiser Konstantin IX. (Monomachos). Er steht auf einem halbrunden Podest, in kaiserlichem Prunkgewand, auf dem Haupt die Kaiserkrone (stenna), in der Rechten die Fahnenstange (labarum), an den Füßen purpurrote Schuhe. Um seinen Kopf herum gibt eine griechische Inschrift seinen Namen an. Links vom Kaiser ist die Kaiserin Zoé, rechts von ihm die Kaiserin Theodora zu sehen, beide in langärmligem, blauem Gewand mit breitem Goldkragen. In der rechten bzw. linken Hand halten sie einen langen, zepterähnlichen Stab. Neben den beiden Kaiserinnen sind auf immer kleiner werdenden Platten Tänzerinnen in grüner bzw. weißer Tunika dargestellt. Rechts und links von ihnen folgen die Gestalten der Wahrheit und der Demut. Die einzelnen Platten sind beidseitig von Emailverzierung mit grünen Blattranken und bunten Vögeln gerahmt. Die gegenwärtige Form der Krone ist eine Rekonstruktion. Die Krone entstand zwischen 1042 und 1050 in einer kaiserlichen Goldschmiedewerkstatt in Konstantinopel und wurde vermutlich dem ungarischen König Andreas I. (1046–1061) vom byzantinischen Hof als Geschenk übersandt.

12. Ungarische Königkrone. Der obere Kronenteil wurde vermutlich im 12. Jahrhundert an den unteren Teil angepaßt, wodurch sich die heutige Form der Königskrone ergab ... Sie ist aus zwei Teilen zusammengesetzt: einem unteren Kronreif, der als *corona graeca* bezeichnet wird, da die darauf abgebildeten historischen Persönlichkeiten mit grie-

chischen Inschriften versehen sind, und einem oberen Teil
mit den Kreuzbügeln, der nach den lateinischen Inschriften mit den Namen der dargestellten Apostel corona latina
genannt wird."[60]

Donaulimes-Nord von Donau als Urheimat der Slawen-Lüge

Friedheim Winkelmann und Gudrun Gomolka-Fuchs[61] geben an:
„Mehr Aufmerksamkeit wurde der Militärarchitektur geschenkt.
Die Kriege an den Grenzen erforderten neue Verteidigungsan-
lagen. In frühbyzantinischer Zeit gab es wohl kaum eine Stadt,
die nicht befestigt war. Vor allem unter Justinian erlangte die
Militärarchitektur außerordentliche Bedeutung. So berichtet
der Historiker Prokop (um 500 bis nach 565) in seinem Werk
„De aedificiis" (Über die Bauten), daß der Kaiser die Grenzver-
teidigungsanlagen am Donaulimes, im Osten zum Perserreich
und in Nordafrika neu errichten beziehungsweise ausbauen ließ.
 Überschaut man die Ergebnisse der Baugeschichte jener Zeit,
so gelangt man zu dem Schluß, daß die christliche Sakralarchi-
tektur in der frühbyzantinischen Architektur Vorrang hatte.
Archäologische Grabungsergebnisse geben uns Aufschluß darüber: In fast jedem Kastell und fast jeder Siedlung, sogar in
solchen mit Dorfcharakter, befanden sich Kirchen. Mitunter
gruppierten sich, wie im Kastell Iatrus am unteren Donaulimes
(Bulgarien), in justinianischer Zeit nur wenige ärmliche Hütten
um eine monumentale Basilika. Ein solcher Kirchenbau stand

---

60 Es gab nur Römer. Mit Otto I. waren die (Ost-)Römer als Greika =
    graeca: grei = komm (von Osten) genannt.
61 Friedheim Winkelmann und Gudrum Gomolka- Fuchs,
    Büchergilde Gutenberg, Leipzig 1987, S. 92.

in keinem Verhältnis zu den Zahlen der seinerzeit dort lebenden Bewohner. Aber sicherlich sollte er die Macht der Kirche und des Kaisertums demonstrieren."

„Diese neue Ausdrucksweise, deren Anfänge bereits im 3. Jahrhundert liegen ... Ein Beispiel bietet die Freskomalerei in einem Grab nahe der Stadt Silistra in Nordbulgarien vom Ende des 4. Jahrhunderts. Im Vergleich zum Körper wurden die Köpfe des verstorbenen Ehepaars zu groß gestaltet. Diese provinziellen Eigenarten blieben nicht ohne Einfluß auf die Werkstätten Roms, Konstantinopels und anderer Großstädte des Reiches. Sie haben die Darstellungsweise der menschlichen Figur mitgeprägt."[62]

„Demgegenüber reichen unsere Kenntnisse zurzeit noch nicht aus, um ein genaueres Bild über das Leben der Handwerker und Bauern zu vermitteln. Die Ursache liegen im unzureichenden Forschungsstand. Wir sind deshalb vorwiegend darauf angewiesen, was die schriftlichen Quellen über die unteren Volksschichten berichten. Nach bisherigen Fundmaterialien zu urteilen, lebte die Mehrzahl dieser Menschen in ärmlichen Verhältnissen. Sie betrieben vornehmlich Ackerbau und Vielzucht. Zeugnis davon liefern Pflugscharre, Sensen, Sicheln und Viehglocken in den freigelegten Siedlungen. Die Familien wohnten in Lehmhütten oder in einfachen kleinen Steinhäusern, die meist aus einem Raum bestanden und nur mit den notwendigsten Gegenständen des täglichen Bedarfs ausgestattet waren. Ein Beispiel dafür bieten die Behausungen vom 4. bis 6. Jahrhundert aus dem Kastel Iatrus am unteren Donaulimes im heutigen Gebiet Nordbulgariens, das seinerzeit zum byzantinischen Reich gehörte. Ihre Bewohner hatten sie in noch stehenden Mauern zerstörter Bauten einen älteren Siedlungsperiode errichtet. Ähnliche Beobachtungen wurden in Herakleia bei Bitola in Jugoslawien (R. Makedonien, R.I.) und in Ephesos in Kleinasien gemacht. Diese Siedlungsweise der Bevölkerung scheint seit dem 4. Jahr-

---

62 Ebenso, S. 99.

hundert vorherrschend für weite Teile des Reiches gewesen zu sein. In den Häusern von Iatrus vom Ende des 4. und vom Beginn des 5. Jahrhunderts fand man Keramik- und Glasscherben, Messer, Tonlampen, Spinnwirtel, Webgewichte und fast immer eine Handmühle. Die Frauen mahlten das Korn und kochten die Speisen. Sie spannen die Wolle und webten daraus Kleidung. Ein Teil der Geräte ist mit einfachen christlichen Motiven wie dem Kreuz verziert. Bei anderen Gegenständen ist die christliche Zuweisung durch eine Inschrift wie auf einer Tonlampe vom Beginn des 5. Jahrhunderts gesichert. Sie stellt ein Kurzgebet dar und lautet:‚Herr, hilf unserem Haus'.'' Die meist selbstgefertigten Erzeugnisse des täglichen Gebrauchs zeugen damit von der Frömmigkeit der einfachsten Menschen.''[63]

Herakleos Sklabenos vor Christus – Die Slawen nur Lüge

Wie lernten: Die Slawen waren Anten, Veneten und Sklawinier:[64] die Anten waren nur Anten, Veneten nur Veneten und Sklawinier nur Sklawinier. Da die Anten und Veneten von der Balkanhalbinsel und aus Kleinasien stammten, waren sie Einheimische auf der Balkanhalbinsel und Kleinasien, sie siedelten sich nördlich der Donau und durch Europa an. Sie könnten keine Slawen mit Abstammung nördlich von Donau sein. Als Beweis war Venetia = Venedig ...

---

63 Ebenso, S. 167.
64 Wir Makedonier in SFR Jugoslawien müssten nur lernen, wie die Makedonier hatten nichts zusammen mit den antikischen Makedoniern. Wir sind nur die Slawen und in Makedonien nur von Hinterkarpaten angesiedelt. Einfach, wir die Makedonier durften nichts über unsere Historie lernen. Unsere Historie war in unseren Liedern.

Hors Klien[65] gibt an: „Veneter ... 1. Angehöriger eines illyr. Volkes im östl. Oberitalien – 2. Angehöriger eines kelt. Volkes in Westgallien – 3. Angehöriger eines vielleicht als Vorgänger der späteren Wenden anzusehenden Volkes im mittleren Weichselgebiet. Venetien ...Landsch. in Oberitalien, Venezia Venedi ..." Als sog. Slawen blieben nur die Sklawinier. Aber die Römer kannten Sklawinier bis zum 5. Jahrhundert nicht. Auf Balkanhalbinsel erschienen die Sklawinien seit dem 6. Jahrhundert. Begriff war viel älter:

Ljubomir Kljakić[66] schreibt: „Budimir in Pelasgo-Slavica gibt an, die Quelle ist bislateinischer Name als ewige Stadt, die hatte den geheimen Namen bei Venetulanen oder Ritulen. Für Venetualen sagt man schon, sie sind in Verbindung mit adriatischen und zentralen-balkanischen Veneten, die den kräftigsten Beweis für eine protoslawische Verbindung mit bisklassischem Anatol darstellen. In dieser Richtung verweist uns das auf Geschichte von Eneus oder Eineus, legendärer Gründer von Rom, der nach dem Troianischen Krieg lange durch die Meere bummelte, bis er sich auf der Apenninenhalbinsel angesiedelt hatte. Die Gemeinschaft, die er gründete, wird später zum ‚Zentrum der Welt' werden. Überlieferung und antikische Quelle suggerieren uns, daß dieses Ereignis im 12. Jh. v. Chr. stattfand. Diese Angaben bestätigt auch Tadej Volanski, der im Buch *Pa'mjatniki* pismonosti Slov'jan do rizdva Hristovoga, herausgegeben in Moskau 1854, fand Grabstein Eneus' von 12. Jh. v. Chr., die ist 1846. Jahr bei Krečence gefunden worden, ist mit etruskischer Schrift an der slawischen Sprache. Volanski veröffentlichte im gleichen Jahr seine Analyse von Aufschriften auf Terrakotta aus dem IV. Jahrhundert v. Chr., die befand sich in der Kollektion von Minizis in Ferm. Terrakotta veröffentlichte Theodor

65 Horst Klien, Der Große Duden, VEB BIBLIOGRAISCHE INSTITUT; LEIPZIG, 1971, S. 508.
66 Ljubomir Kljakić, Oslobađanje istorije I-III, Prva knjiga, Početak puta, Archiv, Kljakić, Beograd, 1993, S. 78.

Mommsen im Buch *Die Unteritalischen Dialekte*, veröffentlicht in Leipzig im Jahr 1850. Mit griechischer Schrift,[67] auf Terrakotta besteht eine Widmung:‚Ierakleos Sklabenos'. Volanski übersetzte wie ‚Herakleos slawisch'. An Grabstein und an Herakleos slawisch erinerte bei uns erster mit einer Achtung Radivoje Pešič".

Da es Sklab = Sklav vor Christus bestand, die Sklawinier als Volk eine Lüge war/ist.

Konstantin der Grosse kannte keine Sklawinier und Slawen

Otto Zierer[68] schreibt: „In diesen Tagen schreibt der siebzehnjährige Flavius Valerius Konstantinus, der Sohn des Cäsars des gallischen Reichsteles,[69] über seine Eindrücke aus Nikomedia an den politischen Berater seines Vaters in Trier:

Auch die Verteilung der neuen Reichszentralen wurde mit viel Geschick vorgenommen. Die Residenzen der beiden Augusti – Nikomedia im Osten und Mailand im Westen – sichern die beiden Hauptgebiete des Imperiums. Die kaiserlichen Nachfolger und Mitregenten, die Cäsaren, wachen in Trier, nach den rheinischen, belgischen und britannischen Brennpunkten, und in Sirmium, an der durch ständige Barbareneinfälle gefährdeten Donaugrenze ..."[70]

„Wir erleben das in Trier, wo die Straßen aus den Rhein-, Scheide- und Rhonenprovinzen, aus Germanien und Gallien

---

67 Jonische Schrift war nicht älter als 6. Jh. v. Chr. Vorher schrieb man mit Strichen und Ritzen (Runen).

68 Otto Zierer, Große illustrierte Weltgeschichte, Sieg des Kreuzes, Herbig, München 1983, S. 11.

69 Der spätere Kaiser Konstantin d. Große, Kaiser von 306–337 n. Chr.

70 Ebenso, S.14.

zusammenlaufen, mit besonderer Deutlichkeit. Die einstmals herrschende Oberschicht römischer Siedler ist lange schon von Zeitläufen zum Opfer gefallen. In Gallien findet man ganze Städte verödet; weite Landstriche sind unbebaut, altrömische Gehöfte verfallen, über die Mauern ehemaliger Munizipien wuchert die Wildnis. Das sind Spuren von Pest, Kriegen und sozialer Unrast. Die Bauern wandern in die großen Städte ab oder laufen den Legionsadlern zu.[71]

Auf ihre verlassenen Felder in den Grenzprovinzen ergießt sich ein ständiger Strom wandernder Barbaren, vornehmlich Germanen,[72] Kelten, Belgier und Briten, die aus ihren Wald- und Bergländern in kultivierte Gebiete drängen. Von den Randprovinzen her fließt diese lautlose Wanderung weiter in die Städte, in das Kerngebiet am Mittelmeer.

Was wir hier im Norden mit den Germanen[73] erleben, wirst du im Orient ebenfalls beobachten können. Der griechisch-römische Bevölkerungsstreit dort versinkt langsam in der Flut der Fremden; dafür nehmen Syrer, Juden, Ägypter, Babylonier und Perser die aufgegeben Positionen ein. Heute schon ist der römische Senat kaum noch zur Hälfte mit den Angehörigen aus altehrwürdigen Geschlechtern besetzt; die Mehrheit der Senatoren kommt aus dem Orient oder aus Afrika. Und die hohen Offiziere, die Truppenführer, die Legionäre sind zumeist Germanen, Ilyrer, Thraker, Mauren und Perser."

Also nur Goten (Germanen), Illyrer, Thraker, Mauren und Perser, keine Sklawinier.

„Die Grenzprovinzen befinden sich heute bereits zu großen Teilen in den Händen barbarischer Siedler. Schon seit drei Menschenaltern sind immer wieder aufrührerische Generäle mit ihrer zum Grenzschutz bestimmten Truppenmacht nach Rom

---

71 Ebenso, S. 17.

72 Nur Goten.

73 Goten waren nördlich von Donau, auf Balkanhalbinsel, Italien, ganzes Europa, Oster- und Vizigoten usw.

marschiert und haben die Provinzen der barbarischen Überflutung überlassen. Viele Kaiser haben bereitwillig Hunderttausende von Goten, Langobarden, Alemanen oder Franken
ausgenommen und ihnen Land innerhalb der Reichsgrenzen
angewiesen. Jetzt zeigen sich die Folgen."

Nur Germanen (Goten) und „Alemanen oder Franken" – ohne
Sklawiener und Slawen.

„Konstanmtin ist allmählich vorsichtig geworden ..."[74]

So bereitet er seine Abreise zu dem bestimmten Tage in aller Öffentlichkeit vor, verläßt aber heimlich mit geringer Be-
gleitung in der Nacht vorher die Hauptstadt. Er befürchtet mit
Recht die ‚Zufälle', die,beklagenswerten Umstände', die, von
kaiserlichen Kammerherren inszeniert, auf einer Reise eintreten könnten. Konstantin legt die Strecke bis Hadrianopolis[75]
in größerer Hast zurück und eilt dann auf der schnurgeraden
Römerstraße nach Naissus,[76] donauaufwärts bis Castra Regina
und von dort die Limesstraße[77] entlang nach Moguntiacum[78]
und über die Berge nach Trier.

Auf allen Poststationen läßt Konstantin die Reservepferde
töten, so daß ihn ein nachgeschickter Kurier, der einen Mord-
befehl in die unterwegs berührten Garnisonen bringen könnte,
nicht überholen wird.

In Trier, im sicheren Machtbereich seines Vaters, trifft Konstantin den Augustus nicht an; Constantius Chorus ist mit dem Heer zu
einem Feldzug gegen Britannien unterwegs. Wieder einmal haben
die wilden Scoten und Caladonier den Hadrianswall auf der Insel
überschritten und wüten gegen die römischen und keltischen Dör-
fer. Konstantin macht sich sogleich auf den Weg, erreicht die Armee
am Kanal und geht mit ihr über die Meeresstraße nach England."

---

74 Ebenso, S. 23.
75 Adrianopel, das heutige Edirne im europäischen Teil der Türkei.
76 Nisch, die Geburtsstadt Konstantins.
77 Regensburg, Legionslager an der Donau am Ende des Limes.
78 Mainz.

„Die,Austrogoten'. Viele slawische und fremde Völkerschaften, deren Herkunft unbekannt ist ...“[79]

Also viele slawische Völker mit unbekannter Herkunft waren nur eine große Lüge.

Bis 5. Jahrhundert kannten die Römer keine Sklawinier – auf der Balkanhalbinsel nur seit dem 6. Jahrhundert.

Die Goten überquerten die Donau nur über Schiffsbrücken

Otto Zierer[80] schreibt: „Den zweiten Brief bringt eine Eilstafette aus der von Trajan gegründeten Stadt Marcianopolis in Untermösien.[81] Die kaiserliche Post hat ihn in zwei Tagen nach Byzanz, ein Schnellsegler in weiteren vier Tagen nach Antiochia, die berittene Sonderpost in drei Tagen ins kaiserliche Feldlager gebracht. Die Beförderungsfristen sind jeweils auf dem angehängten Postzettel der Urkundenrolle vermerkt; die Botschaft ist dennoch neun Tage alt.[82]

Lupicinus, Statthalter und General von Mösien, an seine Ewigkeit, Imperator Augustus Valens! Gottes Segen walte über Dir, kaiserliche Herrlichkeit!

In einer äußerst wichtigen Sache erbitte ich Deine Befehle, heiliger Augustus! Seit einigen Monaten mehren sich die Bittgesuche gotischer Babaren um Aufnahme in das Imperium. Den Anweisungen Deiner erhabenen Regierung nachkommend, habe ich alle Einwanderer aus gotischem Gebiet in unsere entvölker-

---

79 S. 97.
80 Otto Zierer, Große illustrierte Weltgeschichte, Sieg des Kreuzes, Herbig, München 1983, S. 147.
81 Der röm. Kaiser Trajan (53–117) war der Gründer der heutigen Stadt Preslaw in Bulgarien.
82 Nach Plinius, dem Jüngeren.

ten und brach liegenden Grenzprovinzen aufgenommen, auf daß sich jene Ländereien neu belebt und mit einer wehrhaften Bevölkerung könnten. Nun aber haben sich in letzten Wochen die einwanderungslustigen Goten derart vermehrt, daß ich keinen Rat mehr weiß und nicht wage, die Angelegenheit selbst zu entscheiden. Vor einem Monat habe ich – nach Rückfrage beim Präfekten des Prätoriums in Konstantinopel – bereits eine Schar von einigen Tausend Barbaren in Thrakien aufgenommen, wo ihnen Siedlungsland angewiesen worden ist.

In den letzten Tagen haben sich neuerdings Zehntausende von Goten auf dem linken Donauufer gegenüber von Durostorum,[83] und etwa hunderttausend vor der Stadt Novae angesammelt. Nach meinen Erkundungen soll sich im Gotenreich ein gefährlicher Wandel vollzogen haben, vermutlich sind unbekannte Völkerscharen aus den östlichen Ländern eingefallen und haben die Gotenstämme gewaltsam in Bewegung gesetzt.

Die unlängst eingetroffenen Massen werden geführt von ihren Herzögen Fredigern und Ablavius, zwei vornehmen Fürsten, die in Konstantinopel wohlbekannt sind und die sich dem Imperium immer freundlich erwiesen haben. Die Mehrzahl der Goten bekennt sich zum arianischen Glauben; ein Rest hängt den alten Göttern an.

Schlimm ist, daß der Aufbruch dieser Völkermassen noch vor dem Eindringen der neuen Ernte erfolgte, zu einem Zeitpunkt, da fast alle gespeicherten Lebensmittel aufgebraucht waren; die Stämme stehen buchstäblich vor dem Hungertod. Dauernd wird auf unserem Ufer geräubert; Verzweiflung und Not werden die Barbaren bald zu kühnen Entschlüssen treiben, wenn wir keine Entscheidung treffen! Nur zwei Möglichkeiten sehe ich: Entweder verwehren wir ihnen gewaltsam den Übergang, wodurch wir sie den nachdrängenden, unbekannten Feinden ausliefern würden, oder wir nehmen das ganze Volk in die Grenzen des

---

83 Durostorum und Novae waren Garnisonstädte mit Schiffsbrücken über die Donau.

Imperiums auf. Wie immer Du entscheiden magst, Ewiger August – gib Deine Befehle sofort! Wir alle flehen ständig zu Gott und seinem Sendboten Christ, daß er Dich in Gesundheit und Glück zum Segen Deiner Völker erhalten möge, Amen!"

Kaiser Valens verbringt die Nacht im Gebet; er glaubte im Auftauchen der Hunnen den Anbruch des jüngsten Gerichtes, die Öffnung der Höllenpforte zu erkennen. Die Reiter der Apokalypse[84] rasen aus dem Osten heran;[85] bald wird der Richter über den Wolken erscheinen!

Bischof Eudoxios, das Haupt der arianischen Partei, und Eutropius,[86] der vertraute Hausminister der Majestät, weilen bei Valens und beten mit ihm. Nachdem gegen Morgen das Zelt mit geweihtem Wasser besprengt und durch Diakone mit Weihrauch ausgeräuchert worden ist, läßt der Kaiser seine Generäle und Minister rufen, um die Lage zu beraten. Dabei treten sich sogleich zwei Parteien gegenüber: Eutropius und ein Teil der Generäle, die heimlich beim Nikäischen Bekenntnis zuneigen, wenden sich scharf davor, das Römertum vom germanischen Wesen überschwemmen zu lassen. Füllen sich nicht ohnehin schon seit anderthalb Jahrhunderten die alten Räume des Imperiums mit fremdem Blute? Gehen nicht zu letzten römischen Kolonien im Strom der Germanen unter?[87] Die Donau- und Rheinprovinzen sind heute bereits von germanischen Siedlern überschwemmt.

Soll man jetzt ganzen Germanenvölkern die Tore öffnen? Auch im Heer zeigt sich seit Langem die Übermacht der nörd-

---

84 In der Apokalipse (griech. Offenbrung) des Johannesevangeliums, enstanden gegen Ende des 1. Jh., wird der letzte Entscheidungskampf der göttlichen mit den widergöttlichen Kräften geschildert.

85 Die vier apokalyptischen Reiter sind Pest, Krieg, Hunger und Tod (Johannes 6.).

86 Eutropius verfaßte um 370 das „Brevarium ab urbe condita" in zehn Büchern. Seine röm. Geschichte ist zwar stilistisch gut, aber unvollständig.

87 Also, man muß unterscheiden Germanen (Goten), Merowinger, Franken und Germanen – seit dem 18. Jahrhundert.

lichen Barbaren; die Legionen werden zumeist aus Galliern, Germanen und Illyrern rekrutiert; den Rest aber stellen Mauretanien, Syrien, Spanien.

So argumentieren die Gegner der Goten.

Ihnen antwortet Bischof Eudoxius. Er denkt dabei an den Vorteil der Kirche, vor allem an seine Kämpfe mit den Anhängern des Athanasius. Wenn Hunderttausende arianische Goten jetzt Reichsbürger werden, so bedeutet das eine entscheidende Stärkung der Machtstellung der Arianer. Mit glühender Beredsamkeit befürwortet der Bischof darum die Aufnahme der Flüchtlinge. Dazu kommen gewichtige Gründe militärischer Art, die der Marschall Profuturus anführt; die Verluste der Legionen im Perserkrieg seien erheblich, die Donaugrenze sei bedroht! Man solle daher die Gelegenheit ergreifen, sich neue, kräftige Hilfsvölker zu gewinnen! Die Goten seien geborenen Soldaten; sie könnten für lange Zeit die Lücken in den Reihen der Legionen schließen.

Kaiser Valens neigt sich den arianischen Standpunkt zu; an General Lupiciunus ergeht der Befehl, den Goten den Übertritt auf römisches Gebiet zu erlauben.

In Moesien[88] haben sich in diesen Wochen und Monaten gleich Aasgeier über waidwunde wilde Spekulanten und Großschieber versammelt; sie wittern lohnende und leichte Beute. Von der Reichsregierung mit ‚Handelsscheinen' ausgestattet, eilen sie nach Marcianopolis und Novae, zu den rasch errichteten Auffanglagern an der Donau, um das große Geschäft zu organisieren.

Seit Wochen strömen Goten mit hochgetürmten Pferdekarren über die Schiffsbrücken bei Novae in die Flüchtlingslager. Hunderttausende füllen die Sammelplätze; Wagenburgen und rasch aufgeschlagene Holzhütten sind gedrängt voll von Menschen und Hausrat.

---

88 Das heutige Bulgarien.

Seit bekanntgeworden ist, daß die kaiserliche Regierung die Goten nach Abgabe ihrer Waffen in Thrakien und Moesien ansiedeln will, vorerst aber die hungernden Massen aus kaiserlichen Magazinen versorgen läßt, werden Riesensummen an der Not der Heimatlosen verdient.

Aus Makedonien[89] herangetriebene Schafherden, Rinderhekatomben[90] aus Thrakien, ägyptische Getreideschiffe bringen ausreichende Mengen von Nahrungsmitteln heran; doch nur der kleinere Teil davon gelangt in die Lager. Die Präfekten machen gemeinsame Sache mit den Kaufleuten und bereichern sich an gigantischen Schiebungen. Uralte Heeresbestände – verschimmelte Hirse, halbfaules, getrocknetes Fleisch, stockig gewordenes Mehl, Waren, die dem Fiskus als fast ungenießbarer Ausschuß geliefert, aber zu vollem Preis berechnet worden sind – alle diese lästigen und wertlosen Posten in den Büchern der Verwaltung werden jetzt auf Kosten der Goten gelöscht. Die frischen Lebensmittel dagegen, die der Fürsorge Befehle des Kaisers heranschafft, gehen alsbald nach unbekannten Bestimmungsorten ab. Ein Strom von Gold fließt in die Hände der korrupten Beamten und Schieber.

Die Notlage der ungezählten Flüchtlinge bietet indes noch weit größere Profitmöglichkeiten. Der plötzliche Ansturm ganzer Völkerschaften hat den Einzelmenschen billig gemacht; die Arbeitskraft der Goten, die hungernd und heimatlos auf Gedeih und Verderb der römischen Gnade ausgeliefert sind, soll die Löhne der einheimischen Arbeiter drücken.

Die übergetretenen Barbaren sahen sich zwar vor Hunnentod, Gewalt und Hunger gerettet; doch dafür werden sie jetzt Opfer der gewissenlosen Ausbeuter.

Rom aber preist die eigene Menschlichkeit, mit der es den einseitigen Feinden Brot und Fleisch liefert, sie aufnimmt und

---

89 Also, um 50 % Makedonien in Hellas, um 50 % in R. Makedonien und R. Bulgarien – auch Teile in Schkipitarien.
90 Das heutige Nordgriechenland. Eine Hekatombe (griech.) war ursprünglich das Opfer von 100 Stieren.

beherbergt. Selbstverständlich müssen die Barbaren für die Lieferungen bezahlen, das versteht sich! Sie haben doch goldene Geräte, kostbare Felle, Pferde, Schmuckstücke, Leinenballen, kunstreiches Lederzeug, Zelte, Wagen und gute Waffen, die sie verkaufen können!

Die letzten mitgebrachten Vorräte gehen zur Neige – noch eine Weile, und die Goten werden bereit sein, um jeden Preis zu kaufen und zu verkaufen. Die syrischen, griechischen und armenischen Händler, die römischen Präfekten, die hohen Beamten aus Konstantinopel – sie können in Ruhe abwarten.

Der große Markt beginnt. Obwohl die Magazine überfüllt sind, kostet der Sack Weizen schon jetzt das Vierfache des normalen Markwertes. Nach vierzehn Tagen, in denen die Goten ihre geringen Goldschätze, die Marder-, Otter-, Zobel- und Bärenpelze restlos weggegeben haben, sind die hungernden Massen so weit, daß sie zunächst Wagen und Pferde, bald aber auch die überflüssigen Esser – Söhne und Töchter – verkaufen. Höher und höher klettern die Preise. Plötzlich aber gibt es überhaupt keine Waren mehr; die Beamten behaupten, die Getreideschiffe seien ausgeblieben, die Ernte in Ägypten sei schlecht gewesen – die römischen Provinzen müßten selbst hungern.

Jetzt bezahlt man einen Sack Weizen mit zwei gotischen Mädchen, ein Säckchen Bohnen mit einem Pferd; die Profile steigen ins Unermeßliche. Generalstatthalter Lupicinus erwägt bereits Pläne für den Bau eines privaten Prunkpalastes am Bosporus.

Die Stimmung der Goten wandelt sich; überall im Lager finden sich Männer zu Things zusammen. Die Lagerführer reiten zum Herzog Fredegern; auch Ablavius sammelt die Sippenhäupter um sich. Geleitet von einigen Tausend Kriegern begeben sich eines Tages die Fürsten der Goten nach Marcianopolis zum Sitz der Statthalterei Moesiens.

Bisher sind alle ihre Vorstellungen und Bitten ungehört verhallt, nie war Statthalter Lupicinus für sie zu sprechen; auf alle Beschwerden antwortete man mit Ausreden.

Das kann doch nicht Roms wahres Gesicht sein? So handelt kein Kaiser an denen, die sich ihm anvertraut haben!

Noch glauben die Goten an die Gerechtigkeit des Imperiums, wenn sie auch allmählich die Korruptheit seiner Verwaltung kennengelernt haben. In der Aussprache mit dem Generalstatthalter wollen sie Klarheit erlangen; einmal muß die Not und Ausplünderung, die Versklavung ihres eines so stolzen Volkes beendet sein!

Lupicinus führt in seinem Palast ein üppiges Leben voll Luxus und Verschwendung; seine Sammlung von Goldgeräten und kunstvollen Stickereien ist weltbekannt. Als er merkt, daß sich diesmal die gotische Gesandtschaft nicht abweisen läßt, bestimmt er, daß die Gefolgschaft auf dem Felde von Marcianopolis lagern solle, während die Anführer im Palast mit ihm verhandeln.

Die Beschwerden der Herzöge scheinen von Erfolg zu sein. Lupicinius senkt die dichten, frauenhaft langen Wimpern und klatscht in die Hände; in Schleiergewänder gekleidet, ägyptische Sklavinnen bringen Wein und Gebäck in kostbaren Bechern und Schalen.

Die Antwort des Statthalters aber ist eine furchtbare Enttäuschung. Mit nüchternen Worten macht Lupicius den Herzögen den Vorschlag, sie selber möchten sich doch mit einem angemessenen Anteil am Gotengeschäft beteiligen. Die beiden Germanen starren den General sprachlos an; nach einer Weile erheben sie sich und verlassen ohne Erwiderung den Saal. Am Tor werden sie von der Wache als Geiseln festgenommen.

Germanische Haussklaven bringen die Kunde von dem Verrat zu den gotischen Tausendschaften auf dem Feld von Marcianopolis. In wildem Getümmel dringen die Goten durch die Stadttore; der Kampf zwischen Goten und Römer ist entfesselt.[91]

Die Flüchtlingslager öffnen ihre Tore; der rasende Strom des bis aufs Blut gepeinigten, todentschloßenen Volkes bricht hervor. Auf viererlei Bahnen ergießt sich die gotische Flut über Moesien; die Heerscharen der Herzöge Frediger und Ablavius übersteigen den ,Haemus Mons'[92] und fallen in Thrakien und Makedonien ein.

---

91 Im Jahr 377.
92 Das Balkangebirge.

Triumphierend haben die Betrogenen den Händlern ihre aufgestapelten Vorräte, die angehäuften Schätze und Lebensmittel entrissen; die Spekulanten und mit ihnen auch viele Unschuldige verlieren ihre weißen Villen, ihre prächtigen Landgüter am Meeresgestade, und mancher verliert sein Leben dazu. Brandgewölk lagert über der Balkanhalbinsel; über die aufgesprengte Donaugrenze quellen immer neue Germanenscharen ins Land, vereinen sich mit den Goten und breiten sich in den Provinzen des Imperiums aus.

Kaiser Valens, der vom persischen Kriegsschauplatz herbeigeeilt ist, stellt sich selbst an die Spitze der Armee, die Undankbaren zu züchtigen. Vor der Stadt Hadrianopolis stoßen Gegner aufeinander; hüben wie drüben kämpfen Germanen.

In dieser Schlacht vor Hadrianopolis[93] verlieren Kaiser Valens und sein Statthalter Lupicinus Sieg und Leben; die Goten erstürmen die Stadt. Dann aber wälzen sich ihre entfesselten Haufen nach Osten, wo fünf Tagemärsche entfernt Konstantinopel als leuchtende Krone des Reiches, als lockendes Ziel am blauen Bosporus winkt."

Für alle Völker gab es Beweise/Befunde, aber nicht für die Slawen – sie waren Lüge.

Die Bulgaren hatten Erlaubnis bekommen sich anzusiedeln

Nach Gustav Weigand:[94] „Diese waren ein Steppenvolk ... tatarischer Herkunft ... ein türkisches Volk ... im 6. Jahrhundert ist die Balkanhalbinsel räuberisch einfielen. Im 7. Jahrhundert zogen die Bulgaren, die von den Chasaren bedrängt wurden, von Bessarabien unter Asparuch über die Donau und bezogen, wie

---

93 Rom unterlag 378 den Goten bei Hadrianopolis.
94 Gustav Weigand, Ethnographie von Makedonien,
    Friedrich Brandstetter, Leipzig, 1924, S. 14.

es scheint, mit Zustimmung der Römer, in der Nähe von Tult-scha, beim heutigen Dorfe Nikolizel ein Lager. Später, als die Byzantiner anderweit in Anspruch genommen waren, eroberte Asparuch die ganze Dobrudscha (678) und weiterhin Mösien ..."

Die Tataren hatten von den Römern Erlaubnis bekommen, aber nicht sog. Slawen.

Für alle Völker gab es Beweise/Befunde, aber nicht für die Slawen- sie waren Lüge.

Otto Zierer[95] schreibt: „Die ‚Austrogoten' ...Viele slawische und fremde Völkerschaften, deren Herkunft unbekannt ist ..."

Also viele slawische Völker mit unbekannter Herkunft, waren nur eine große Lüge.

Ohne Ansiedlung der Slawen -
Die Slawen waren unbekannt

Reinhold Lange:[96] Die Geschichte von Byzanz in Dokumenten, schreibt: „Das Ergebnis des Konzils war die Verurteilung und Exkommunikation des alexandrinischen Presbyters Areios, der die Wesensgleichheit von Vater und Sohn geleugnet hatte. Damit aber war der Arianismus nicht aus der Welt geschafft; der Streit zog sich unheilvoll in die Länge und gewann schließlich hochpolitische Bedeutung, als Konstantins Sohn Konstantius, der Osten erhielt, sich offen zum Arianiismus bekannte, während seine Brüder im Westen an der nikänischen Formel fest-hielten. Noch komplizierter wurde die Situation, als sich die Arianer in zwei Lager spalteten, von denen das eine, wenn nicht

---

95 Otto Zierer, Große illustrierte Weltgeschichte, Sieg des Kreuzes, Herbig, München 1983, S. 97.
96 Reinhold Lange, Imperium zwischen Morgen und Abend, Verlag Aurel Bongers Recklinghausen 1972, S. 13.

die Wesensgleichheit, so doch die Wesensähnlichkeit von Vater und Sohn konzedierte (Semiarianismus)."

„Wie stellte sich nun das Kaisertum als solches zum neuen Glauben? Hatte Konstantins Sympathie für das Christentum irgendwelche Konsequenzen hinsichtlich der *divinitas* des römischen Kaisers gezeigt? Konnte sich der Kaiser eines christlich gewordenen Reiches weiterhin als *dominus et deus* bezeichnen, den Kult seiner Person, seines Bildes von seinen christlichen Untertanen fordern? Er konnte es und er tat es, von einigen kleinen Änderungen in der Nomenklatur abgesehen. Er, der dem Christentum in seinem Reich Lebensrecht gegeben hatte, der selber nach aurelianischem Vorbild Helios-Apoll = Sol invictus zum Schutzpatron seiner Dynastie erwählt hatte, durfte sich, wenn nicht ‚göttlich‘, so doch ‚gottähnlich‘ nennen, seine Person war heilig und er führte wie die römischen Kaiser vor ihm und noch fünfzig Jahre nach ihm den Titel ‚Pontifex maximus‘. Schon seit 312 fühlte er sich als ‚Mann Gottes‘, und als ‚apostelgleich‘ wurde er schließlich in der Apostelkirche zu Konstantinopel inmitten der zwölf Kenotaphien der Apostel als dreizehnter Apostel beigesetzt; in derselben Kirche, in der später auch die ‚apostelgleichen‘ byzantinischen Kaiser beigesetzt wurden."

„In der Außenpolitik war der Perserkrieg nach wie vor ungelöst. Wie einst Caesar und Aurelian hatte Konstantin geplant, sein Lebenswerk durch eine große Offensive gegen die Perser zu krönen, die sich wieder einmal des Zankapfels Armenien bemächtigt hatten, doch hinderte sein Tod 337 die Ausführung. Konstantius kämpfte Jahrelang vergeblich im Osten, während der Caesar Julian in Europa gegen Franken und Alemannen die Grenze verteidigte. Eine geplante Mannschaftsüberführung aus dem Westen an den persischen Kriegsschauplatz war der Anlaß zur Meuterei der Truppen, die Julian zum Augustus erhoben. Konstantius starb an Fieber, bevor eine bewaffnete Auseinandersetzung vom Kaisertum stattfand – wie sein Vater erst auf dem Totenbett getauft. Die Ironie des Schicksal wollte es, daß Julian, der dritte Kaiser des christlichen *Imperium romanum*, der erste, der eine wirklich christliche Erziehung genossen hatte und auch schon getauft war, als er das Diadem übernahm, daß dieser Mann sich vom Christentum lossagte und die Restauration der alten Götter und die Wiederherstellung eines vergeistlichten Heidentums auf neuplatonisch-philosophischer Grundlage betrieb – erfüllt von Bewunderung für die Kunst, Wissenschaft und Weisheit einer versinkenden Welt. Auch Julian ereilte das Schicksal im Osten. Auf einem Perserfeldzug zur Wiedergewinnung Armeniens traf ihn die tödliche Lanze. Das Christentum hatte gesiegt, aber das christliche Armenien war für das Reich verloren.[97]

Unter Valentinian I. (364–375) wurde wieder eine Reichsteilung vorgenommen. Valentianian selbst residierte in Mailand und kämpfte erfolgreich an Rhein, Necker und Donau, während sein arianischer Bruder Valens als Kaiser der Osten an der persischen Front stand. Da trat ein Ereignis ein, das in lawinenhaftem Anschwellen die gewaltigste Völkerbewegung auslösen sollte, die Europa je gesehen hatte: Der Vorstoß der Hunnen nach Westen, Ostgoten und Westgoten, Taifalen und Alanen wurde in Bewegung gesetzt. 375 überschritten die Westgoten die untere Donau und überschwemmten den ganzen Balkan und Thrakien. Der von Persien herbeigeeilte Valens wurde in der gewaltigen Schlacht bei Adrianopel vernichtet geschlagen und verlor sein Leben. Mit ihm war auch der Arianismus endgültig besiegt, aber die Germanen, an denen der westliche Reichsteil hundert Jahre später zugrunde gehen sollte, standen im Land, und an ihre Überwindung und Austreibung war vorläufig nicht zu denken. Erleichterung war nur auf dem Weg des friedlichen Ausgleichs zu schaffen. Ost- und Westgoten wurden in Panonien und Nordthrakien angesiedelt, mit Steuerprivilegien bedacht und gegen hohen Sold als ‚Federaten‘ zum Heeresdienst verpflichtet. Das war nicht nur ein außerordentlich kostspieliges Verfahren, sondern hatte auch zur Folge, daß das Heer nun noch stärker germanisiert wurde, als es seit geraumer Zeit schon war. Hohe Offiziersstellen waren bald mit Goten besetzt ...“

---

97 Ebenso, S. 15.

Man redet für Hunnen, Goten und Alanen, die in Euroasien waren, aber keine Slawen.

Kaiser Konstantin kannte keine Slawen, auch keine Sklawinier. Und das war auch für andere Kaiser. Das war, weil die Sklawinier nur Plytheiste waren-die Römer nur die Christen.

Olga Luković- Pjanović[98] gibt an: Jovan Cviić (1865–1927), Geograf, schreibt, die Brsjaken und Mijaken in Makedonienm lebten im VII Jahr. Also, sie waren nur einheimisch.

Die Slawen nur Thesen und Theorien

Hermann Kinder/Werner Hilgemann[99] schreiben: „**Die wichtigsten Kulturen**

1. **Aunjetitzer-Kultur** in der frühen Bronzezeit: Mitteldeutschland, Böhmen, Niederösterreich. Bekannt sind die ‚Fürstengräber' Mitteldeutschlands (Hügelgrab von Leubingen mit reichem Goldfund). Die Kultur hat weitreichende Handelsbeziehungen (Durchgangsgebiet vom Mittelmeer zum Norden). Nahestehende Kulturen unter starkem Anteil der Glockenbecher-Kultur: Straubinger-Kultur in Bayern (Ausbeutung reicher Erzvorkommen) und Adlerberg am Mittelrhein.
2. **Hügelgräber-Kultur** in der mittleren Bronzezeit: Das Siedlungsgebiet ist begrenzt durch Maas, Seine, Alpen, Oder, Niedersachsen. Die Toten (wohl nur die der Oberklasse) werden

---

98 Olga Luković-Pjanović, Srbi ... narod najstariji, Doisie, Belgrad 1990.
99 Hermann Kinder/Werner Hilgemann, dtv Verlagsgesellschaft mbH Co. KG, München, 1964, S. 19.

unter Grabhügeln mit Beigaben von Waffen und Schmuck begraben. Wirtschaftliche Grundlage: Viehzucht. Wichtige Zwischenstellung im Handel von Norden nach Süden.

3. **Urnenfelder-Kultur** ab 1300 (Verbrennung der Toten, Beisetzung der Asche auf großen Friedhöfen = ‚Urnefelder‘): Ausbreitung von der mittleren Donau nach Süden, der Donau entlang nach Böhmen, Polen (Lausitzer-Kultur), Mitteldeutschland sowie nach Westfrankreich, Mittelitalien, Nordspanien. In Verbindung mit der Urnefelder-Kultur stehen die Veneter und Illyrer. Die Urnefelder-Leute entfalten eine starke politische Aktivität, wobei sie auch kriegerische Auseinandersetzungen nicht scheuen (Funde von Bronzedepots und Verstecken mit Schmuck). Die Gesellschaft ist stärker gegliedert (Trennung von Bauern und Gewerbetreibenden durch zunehmende Spezialisierung). Das Abhängigkeitsverhältnis vom Vorderen Orient wird allmählich lockerer und Europa wirtschaftlich und kulturell selbstständig. Das Vordringen der Urnenfelder-Kultur nach Süden hat Folgen:

a) Ende des mykenischen Zentrum und der spätminoischen Kultur auf Kreta

b) Eindringen nach Kleinasien (Ende des Hethiter-Reiches, S. 45) und

c) nach Norditalien und Latium

d) Einfall der ‚Seevölker‘ in Ägypten (S. 25; Philister in Palästina, S. 37)

4. **Nordischer Kreis:** In Norddeutschland und Skandinavien (‚Urgermanen‘,[100] vgl S. 109) leben die Bewohner in Rechteckhäuser mit ‚Vorhale‘ (griech. Megaron). In der Bronzekunst lassen sich Beziehungen über die Urnenfelder-Kultur zu Griechenland feststellen. Zu Beginn der Bronzezeit werden die Metallgegenstände in Stein nachgebildet; dann entsteht eine selbstständige Bronzeindustrie, Pferdebespannte

---

100 Es gab keine Germanen, sondern nur die Kelten. Tacitus war Falsifikat: für Tacitus zweifelte Voltaire u. a.

Streitwagen, Totenbestattung unter großen Grabhügeln (reich ausgestattete Gräberfunde in Uppsala und Seddin), später durch Verbrennung. Religion: Sonnenkult (‚Sonnenwagen von Trundholm‘, goldene ‚Sonnenbarken‘ und Darstellungen auf Felsbildern: Schiffe, Sonnenscheibe, Götterbilder- und Speer, mit Axt bzw. Hammer usw.) – Seefahrt der Küste entlang und allmähliche Ausbreitung nach Süden.

Die Eisenzeit (ab 800): Die Eisenzeit in Europa wird nach dem Gräberfeld bei Hallstatt im Salzkammergut auch Hallstattzeit genannt (auf der Grundlage der Urnenfelder-Kultur). Voraussetzung für ihre Entstehung sind die zahlreichen Eisenvorkommen, die zur Bildung von Eisenhütten und Industrien führen. Die zweite wichtige Industrie ist der **Salzbergbau** (Hallstatt, Dürnberg b. Hallein). In diesen schnell aufblühenden wirtschaftlichen Zentren vollzieht sich eine immer stärker werdende soziale Gliederung der Bevölkerung: Bauern, Handwerker, Händler. **Verbreitungsgebiet der Hallstattkulturen:** Kroatien, Bosnien, Ost- und Südfrankreich, Nordspanien. Die wichtigste aristokrat.-städtische Kultur entsteht in Este und an der oberen Adria (starke korinthische und etruskische Einflüsse). In den übrigen Gebieten existieren noch Spätformen der Urnenfelder-Kultur. Hauptmerkmal der Hallstattkultur sind die sog. Hallstattschwerter, lange Schwerter aus Bronze, später aus Eisen. An der Stelle der großen Nadeln der Urnenfelder-Kultur treten jetzt Fibeln (Sicherheitsnadeln). **Bestattung der Toten:** Zunächst noch Brandbestattung, vor allem in der Spätzeit der Urnenfelder-Kultur, dann Übergang zur Körperbestattung. Die Toten werden unter Grabhügeln auf einem Wagen beigesetzt, in der Spätzeit werden die Frauen und Diener nach dem Tod des Gatten oder Herren ebenfalls getötet und mit ihm beerdigt (wohl unter skythischem Einfluss). Die ‚**Fürstengräber**‘ liegen immer in der Nähe befestigter Herrensitze (Heuneburg, Mont Lassoix-Vix). In Nordostdeutschland werden die unter Gefäße gestellten Urnen (sog. ‚Glockengräber‘) in Steinkisten bestattet. Die Urnen haben zum Teil die Gestalt von Haus- oder Speicherformen und sind mit Bildern von Jagdszenen, Reitern oder pferdebe-

spannten Wagen verziert. Die **ab 450 La-Tène-Kultur (Jüngere Eisenzeit)** bildet den Höhepunkt der Eisenzeit. Beeinflusst wird sie von den Skythen (über die Hallstattkultur), von den Griechen (über Massilia die Rhône aufwärts) und den Etruskern (‚Argonautenweg' = Po entlang über die Schweizer Pässe an Rhein und Rhone). In kulturell zurückgebliebenen Gebieten (Böhmen, die brit. Inseln und die Iberische Halbinsel) bringen die Träger der La-Tène-Kultur (im Ursprungsgebiet wohl die Kelten) die städtische Kultur (Ausbreitung der Kelten S. 77). In den Ausstrahlungsgebieten findet eine starke Keltisierung der einheimischen Bevölkerung statt."
Nach Niderle:[101] Wenn man an Slawen die lužisch-schlesischen Felder mit den Urnen abgehommen worden sind, wird es bleiben nichts in Römerzeit für die Slawen. Aber auch, wenn wir als slawisch das lužisch-schlesische Volk nicht annehmen werden sollten, es gab kein slawisches Volk. Nach anderen Autoren, erwähnte Gebiete waren germanisch usw.[102]

Die Slawen mit unbekannter Herkunft

Nach Otto Zierer:[103] „Die ‚Austrogoten' ... Viele slawische und fremde Völkerschaften, deren Herkunft unbekannt ist ..."

Also, viele slawische Völker mit unbekannter Herkunft, waren nur eine große Lüge.

Die Slawen mit über 300 Millionen eine unbekannte Herkunft haben, ist komisch.

101 Lubomir Niderle, Slovenske starine, Matica srpska, Belgrad, 1954.
102 Risto Ivanovski, Potekloto na tn.Sloveni- samo tezi i teorii, 2016, Bitola, R. Makedonien.
103 Otto Zierer, Große illustrierte Weltgeschichte, Sieg des Kreuzes, Herbig, München 1983, S. 97.

Olga Luković-Pjanović[104] gibt an, was Otto Hanisch schreibt:
„Die Jugo-Slawen haben ihren Hauptsitz als Magyaren in
Ungarn und verbreiteten sich von hier aus nach Bayern, Tirol,
der Lombardei, Luxemburg, Schottland und Portugal ... Nach
ihrer Ankunft hielten sie sich unvermischt und bewahrten infolgedessen ihre Ursprünglichkeit. Man rechnet sie zu den Slawen, aber sie reden nicht slawisch, sondern die Sprache der HI-
MALAYANER, eines Reststammes der weißen Rasse ...“[105]

Wer waren die Slawen? Sogar und Un-slawen:[106]„Die Slawen-
eine große menschliche Gruppe, die gehörte zu europäischer Rasse.
Sie erstreckt sich über ganz Osteuropa, gerechnet von Russland ...
Polen bis Ungarien, Österreich, Tschechien, Balkanhalbinsel und
serbische Länder.[107] Die slawische Stämme, die verließen Asien
schon in uraltem Altertum, mindestens fünfzehn Jahrhunderte
vor Geburt Christi, drangen in Europa ein, siedelten sich in Italien
unter den Name Veneten oder Venden an, nachher am Ufer des
Schwarzermeeres und am unteren Lauf der Donau, Verlauf um
350. Jahr v. Chr. Illyrische Slawen waren besiegt von den Kelten
und teilweise zurückgedrängt nach Nord ... Sie wurden im 4. Jh.
Verbündete mit den Hunnen, als sie im V Jahr. begannen, zur Donau zurückzukehren und das ist Zeit, die eigentlich jene Zeit ist,
die lange Zeit gemeint war als Zeit für ihr Ankommen in Europa.“

Für Germanen waren die Weneden keine Slawen. Aber German war ein thrakischer Name (G.Weigand – 1924) und ein
slawischer Gott German. Deutsch-Deut-Teut(a) illyrische Köni-
gin-mithologisch. Nach europäischen Autoren, Britannien und
Ostdeutschland illyrisch“

104 Olga Luković- Pjanović, Srbi ... narod najstariji, Doisie,
    Belgrad 1990.
105 Otto Hanisch, Mazdaynan, Los Angeles-Leipzig, 1933,
    O. c., p. 194.
106 A. Descubes, Nouveau Dictionnaire d'Historie, d'Géographie, de
    Mythologie et de Biographic, Paris, 1880.
107 Serbien nur seit 1830 Jahr wie Hellas. Bulgarien als Staat nur seit
    1908 und Albanier nur seit 1945.

„Ein verfluchtes Volk, Slawen genannt" – also, die Sklawinier

Cyril Mango[108] schreibt: **„Ein verfluchtes Volk, Slawen genannt"**

Die unmittelbaren Nachfolger Iustinians waren weder unfähig noch Schwächlinge: Iustin II., solange er geistig gesund war (gegen Lebensende verlor er freilich den Verstand und „miaute wie eine Katze"), der hübsche Tiberios II. und besonders der unglückliche Maurikios, ein ausgezeichneter Soldat, dazu fleißig und sparsam – sie alle kämpften mannhaft, um sämtliche Gebiete des Römischen Reiches unversehrt zu bewahren. Es war nicht ihre Schuld, dass die Situation allmählich unhaltbar wurde. 568 drangen die Langobarden in Oberitalien ein und hielten die Halbinsel schon bald fast gänzlich in ihrer Hand. 572 brach erneut ein Krieg mit den Persern aus und dauerte seither mit nur kurzen Unterbrechungen bis zum Zusammenbruch des Sassanidenreiches ein halbes Jahrhundert später. Die größte Gefahr aber drohte von den Slawen, deren Scharen, von den Awaren geführt, in die Balkanhalbinsel einfielen und dort sesshaft zu werden begannen.,Im dritten Jahre nach dem Tod des Kaisers Iustin II. ... überrannte ein verfluchtes Volk, Slawen genannt, ganz Griechenland und das Land der Thessalonicher und ganz Thrakien und eroberte die Städte ... und machten sich zum Herrn des gesamten Landes und siedelte dort durch rohe Gewalt und wohnte dort furchtlos, als sei es immer sein eigen gewesen.' Zehn Jahre lang kämpfte Kaiser Maurikios an der Donaugrenze gegen die barbarischen Horden. Am Ende empörte sich sein eigenes Heer gegen ihn und setzte einen rohen Soldaten namens Phokas auf den Thron. Maurikios und seine Familie aber wurde brutal ermordet (602).

---

108 Cyril Mango, Morgen des Abendlandes, Deutsche Buch Gemeinschaft, Berlin, 1963, S. 106.

Also „überrannte ein verfluchtes Volk, Slawen genannt, ganz Griechenland und das Land der Thessalonicher und ganz Thrakien und eroberte die Städte" – nur von Süd nach Nord.

Die Sklawinen (sog. Slawen) waren Polytheisten – die Römer Christen.

Die barbarische Sprache war Volkssprache, Latein dienstlich und Koine kirchlich.

Phokas war halbbarbarisch: einer der Eltern war Römer, der andere ein Sklawiner. Die Soldaten waren vom Heer der Römer, als Verteidiger von der Grenze zur Donau usw.

„Welche Vorstellungen … Die Slawen bildeten keine organisierten Staatswesen, abgesehen von jenen Volksstellen, die eine awarische oder später bulgarische Führungsschicht hatten; sie verblieben vielmehr in Stammesgruppen, die in den byzantinischen Quellen unter dem Sammelnamen ,Sclavinier' erscheinen. Man liest mit einiger Verwunderung, dass sich Iustinian II. 688/689 seinen Weg von Konstantinopel nach Thessalonike erkämpfen musste und es kaum schaffte zurückzukehren. Zwei Jahrhunderte lang unternahm die byzantinische Regierung wenig, um die Sclavinier in ihren Kulturkreis zu ziehen. Zwar wurde die Wiedereroberung Griechenlands, zu Ende des 8. Jahrhunderts begonnen, am Anfang des 9. Jahrhunderts fortgesetzt, aber noch um 820 war es, wie wir durch die Reiseberichte des heiligen Gregor des Dekapoliten erfahren, fast unmöglich, den Balkan zu Lande zu überqueren, ohne in die Hand slawischer Räuberbanden zu fallen. Die Verbindung zwischen Konstantinopel und Italien wurde allein zur See aufrechthalten; selbst sie aber brauchten für die Reise selten weniger als zwei Monate"[109] (Keine Slawen nur „die Sclavinier", R.I.).

---

109 Ebenso, S. 111.

Die Russen als Slawen seit 860 Jahr –
Slawe ... Slovo = Buchstabe

Cyril Mango[110] gibt an: „Die griechische Kirche konnte allerdings das Verdienst in Anspruch nehmen, erfolgreiche Missionsarbeit unter den hunnischen Völkern geleistet zu haben, die von Zentralasien über die Steppen in Süden Russlands nach dem Westen zogen. Aber auch in Mähren, Böhmen und Ungarn konnte sie Anhänger gewinnen. Ihre Leistung war noch offenkundiger auf dem Balkan und im russischen Fürstentum Kiew. Als erster Völkerverband auf dem Balkan hatten sich die Bulgaren zu einem Staat kristallisiert; nach einer kurzen Zwischenzeit, in der Rom gegen Konstantinopel ausgespielt wurde, erkannte sein Herrscher Boris I. (852–889), wo seine Interessen lagen, und verband sein Los mit der griechischen Kirche. Außer in Teilen des dalmatinischen Küstenlandes folgten die anderen Balkanvölker seinem Beispiel. Glücklicherweise verfolgte Byzanz über Männer, die dafür wie geschaffen waren, der gelehrte Missionar Konstantin (besser bekannt als Kyrilos) und Methodios geben ein lebendiges Bild ihrer Tätigkeit unter den Chasaren im Gebiet des Kaspischen Meeres, aber auch ...“

„Der hochentwickelte Handel des Landes war einer der Faktoren, der dazu führte. Das erste slawische Alphabet, von dem man glaubt, dass es auf das 3. oder 4. Jahrhundert n. Chr. zurückgeht und im Gebiet des Schwarzen Meeres entstand, war noch schwer zu beherrschen gewesen, denn es hatte aus einer Mischung einerseits von Runen ...“[111]

Kreter ... Makedonier ... Europäer schrieben mit Runen als slawisch, germanisch ...

---

110 Cyril Mango, Morgen des Abendlandes, Deutsche Buch- Gemeinschaft, Berlin, 1963, S. 133.
111 Ebenso, S. 154.

Reinhold Lange[112] gibt an: „Nun waren zu Kaiser Michaels Zeiten … Eine Gesandtschaft wurde abgeschickt und die Führung einem Mann anvertraut, dem die Aufgabe gestellt war, neben der Abwicklung seines diplomatischen Auftrags auch missionarisch im Chasarenreich zu wirken. Dieser Mann namens Konstantin, ein Schüler Leons, des Mathematikers, und des Photios in Konstantinopel, hatte sich durch seine eminentes Sprachtalent, seine universale Bildung und sein diplomatisches Geschick schon versucht, die Chasaren für das Christentum zu gewinnen und dort eifrig tätige islamische und jüdische Glaubenswerber aus dem Felde zu schlagen. Bevor die Brüder jedoch Erfolge erzielen konnten, wurden sie abberufen und mit größeren, wichtigeren Aufgaben betraut. Die Chasaren bekehren sich zum mosaischen Glauben. Zu gleicher Zeit aber begannen griechische Mönche im Auftrag des Photios in aller Stille durch das russische Land zu wandern und zu predigen und die ersten Samenkörner zu pflanzen, aus denen später das orthodoxe ‚heilige Russland' emporblühen sollte."

Als sie in Russland waren, haben sie gesehen, die Russen schrieben mit Strichen und Ritzen (Runen). Deswegen waren ritze = rotze = rozke = roske, rozki = roski narod (Volk) usw.

„Der Caesar Bardas … Photios war kein Geistlicher … Indessen verschloss er sich dem Ruf des Bardas nicht. In den wichtigen Tagen vom 20. bis 24. Dezember 858 durchlief er sämtliche Weihen und zelebrierte am 25. Dezember die Weihnachtsmesse in der Hagia Sophia. Bei aller Bewunderung für die geistigen und wissenschaftlichen Qualitäten, die dem neuen Patriarchen Photios allgemein gezollt wurde …[113]

Zunächst aber traten andere Probleme in den Vordergrund. Schwedische Wikinger hatten zu Beginn des 9. Jahrhunderts inmitten slawischer Stämme in Russland eine Reihe von Herr-

112 Reinhold Lange, Imperium zwischen Morgen und Abend, Verlag Aurel Bongers Recklinghausen 1972, S. 51.
113 Ebenso, S. 49.

schaften errichtet, die der legendäre Rurik im Reich von Nowgorod vereinigte. Die ‚Waräger' legten ein weitgespanntes Netzt von Handelswagen an, das vom Orient reichte. Zwei Vasallen Ruriks, Askold und Dir, zogen den Dnjepr abwärts und gründeten in der Gegend von Kiew eine eigene Herrschaft. Doch auch dort ließ ihr unruhiger Geist sie nicht rasten:

Askold und Dir zogen gegen die Griechen und kamen im 14. Jahre der Herrschaft des Kaisers Michael (in Wirklichkeit 860). Der Kaiser aber war gegen die Agarener (Araber) ausgezogen, und als er zum Schwarzen Fluss (im Inneren Kleinasiens) gekommen war, sandte ihm der Eparch (Stadtpräfekt) die Nachricht zu, dass die Russen gegen Zargrad (Konstantinopel) zögen; da kehrte der Kaiser um. Diese nun drangen in den Sud (Bosporus) ein, richteten unter den Christen ein großes Blutbad an und schlossen mit 200 Booten Zargrad ein. Mit Mühe nur gelangte der Kaiser in die Stadt. Und er und der Patriarch Photios eilten zur Kirche der hl. Gottesmutter in den Blachernen und beteten die ganze Nacht hindurch. Dann trugen sie unter Gesang das göttliche Gewand der hl. Gottesmutter heraus und tauchten den Saum in das Meer. Obwohl bisher Windstille geherrscht und das Meer ruhig gewesen war, erhob sich da sogleich ein Gewittersturm, und brachte, da sich von Neuem mächtige Wellen erhoben, Verwirrung in die Boote der gottlosen Russen, warf sie an das Ufer und zerschmetterte sie, so dass nur wenige von ihnen diesem Unglück entrannen und in die Heimat zurückkehrten (Nest.) (Nestorchronik ... Die Nestorchronik, 1931)."

Dieser Angriff ... Das Bild, das Photios in einer seiner Reden zeichnet, lässt jedenfalls erkennen, dass die Umgebung von Konstantinopel fürchterlich verheert worden war, und dass der Angriff so etwas wie einen Schock in Byzanz verursacht hat.

Das obskure Volk, ein Volk ohne Geltung, ein Volk, das man zu den Slawen rechnet, unbekannt, das aber nun durch seinen Kriegszug gegen uns sich einen Namen gemacht hat, unbedeutend, aber jetzt berühmt geworden ..."

Die Russen erklärten sich als Slawen nur im 860 Jahr. Das war nach Slovo = Buchstabe von den Brüdern Konstantin und

Metodij, was nach ihrer Mission in Russland war. Also sie waren Slawen nach Slovo = Buchstabe nur von der Sprache Koine (19 Jh. sog. Altgriechisch).

Hermann Kinder/Werner Hilgemann[114] schreiben: „**Urheimat der Slawen** (Slovene von Slovo = das Wort) …"

Also, sog. Slawen (Anten, Veneten und Sklawinier) und Slawen von Slovo = Buchstabe.

Die Koine (19. Jh. Sog. Altgriechische) Keine Volkssprache

Friedheim Winkelmann und Gudrun Gomolka-Fuchs[115] geben an: „Kleinasien … Die Nachrichten in Heiligenviten, die darauf deuten, dass im 5. und sogar noch im 6. Jahrhundert unter der Landbevölkerung kappadokisch-isaurisch, lykaonisch, mysisch, phrygisch gesprochen wurde und dass es Bevölkerungsgruppen gab, die kein Griechisch konnten …"

„Vom 7. bis 9. Jahrhundert hatte die antike Bildung den geringsten Einfluss. Kaiser Konstantin Porphyrogennetos (913–959) beschreibt, dass er in einem Kloster die Schrift eines der höchsten Militärbeamten des Reiches am Ende des 9. Jahrhunderts, des Magistros Leon Katakylas, eventuell eines Verwandten des hochgebildeten Photios (858 bis 867 und 877 bis 886 Patriarch von Konstantinopel) gefunden habe. Das Buch zeigt, dass der Magistros keinerlei griechische Bildung gehabt habe. Sein Stil sei barbarisch, voller Sprachschnitzer und ungeordnet. Allerdings sei der Verfasser ein frommer Mann ge-

---

114 Hermann Kinder/Werner Hilgemann, dtv Verlagsgesellschaft mbH Co. KG, München, 1964, S. 111.

115 Friedheim Winkelmann und Gudrum Gomolka- Fuchs, Büchergilde Gutenberg, Leipzig 1987, S. 20

wesen, der sein Leben nach den christlichen sittlichen Idealen ausgerichtet habe.“[116]

„Als Konstantin I. die Stadt am Bosporus unter seinem Namen anstelle des alten Byzantion gründete, waren für ihn strategische, ökonomische und zum Teil religionspolitische Gründe ausschlaggebend. Konstantinopel, die christliche Hauptstadt. Auf keinen Fall aber wollte er damit dem lateinischen Kulturelement seine Position nehmen und es verdrängen. Er war ja selbst lateinisch gebildet, wenn er wohl auch griechisch konnte. Die neue Hauptstadt im Osten – das bedeutete ja eine starke Verankerung römischer Elemente im Ostteil des Reiches. Diese Wirkung lag vor allen Dingen auf den Gebieten der Kaiserinstitutionen, der Verwaltungsstruktur, der Gesetzgebung und Rechtsprechung und des Militärischen. Bis in das 6. Jahrhundert stammte der große Teil aus lateinsprachiger Tradition. Auch der Senat Konstantinopels war bis in diese Zeit römisch-griechisch orientiert. Die großen Gesetzessammlungen waren in lateinischer Sprache verfasst. Noch gegen Ende des 6. Jahrhunderts huldigte der Dichter Corippus dem Kaiser Justinos II. in einer lateinisch abgefassten Lobrede in Gedichtform. Die unteren Schichten in Konstantinopel und die Provinzen waren jedoch schon griechisch orientiert. So erhielten dann im 6. Jahrhundert auch griechische Testamente Rechtskraft.“[117]

Gustav Weigand[118] schreibt: „Während ... Priskus, der im 5. Jahrhundert das Land bereiste (Tomaschek, 1. c. I, 78), berichtet, dass überall im Gebieten des heutigen Serbien und Bulgarien das Lateinische als Amts- und Haussprache gebraucht wurde, auch wissen wir, dass die dortigen Bischöfe sich im Verkehr mit den oströmischen Kaisern der lateinischen Sprache

---

116 Ebenso, S. 37.
117 Ebenso, S. 39.
118 Gustav Weigand, Ethnographie von Makedonien, Friedrich Brandstetter, Leipzig, 1924, S. 8.

bedienten ..." (Volkssprache war nur barbarisch = pelasgisch als Sprache der Sklawinier, R.I.)

Die Koine (sog. Altgriechisch) und das Lateinische waren keine Volkssprachen – TOT.

Paul Hetherington und Werner Forman[119] geben an: „Im Anfang ... Das reine Latein der Zeit Konstantins wich bald dem Griechischen und im 7. Jahrhunderts war es zur allgemeinen Umgangssprache der Hauptstadt geworden. So beruhte die außerordentliche Geschlossenheit der byzantinischen Kultur mehr auf idealen als auf einer von außen bestimmten oder aufgezwungenen Uniformität: auf dem Ideal einer ruhmvollen römischen Vergangenheit und dem Ideal eines rechtgläubigen, mystischen Christentums."

Gustav Weigand[120] schreibt: „So entstand ... finden wir, dass diese Sprache (sog. Altslawisch, R.I.) eine rein slawische (sklawinische, R.I) Sprache war ... Wir sehen aber sehr deutlich den Einfluss der griechischen Syntax im (sog. Altslawisch, R.I.),[121] weil die aus Saloniki stammenden ersten Übersetzer der heiligen Schriften, die Brüder Kyrill und Method, ihre griechischen Vorbilder, mit solch ängstlicher Genauigkeit übersetzten, um nur nicht das heilige Wort Gottes zu verändern, das sie der (slawisch., R.I.) Sprache Gewalt antun musste. Die (makedonische, R.I.) Volkssprache, wie sie in Makedonien gesprochen wurde, bildete die Grundlage der alt(-slawischen, R.I.)[122] Literatursprache, für die ein besonders Alphabet auf Grundlage der griechischen Initialschrift das kyrillische Alphabet, und auf Grundlage der griechischen Kurrentschrift das glagolische Alphabet

119 Paul Hetherington und Werner Forman, Byzanz, Reich Verlag AG, Luzern 1982, S. 10.
120 Gustav Weigand, Ethnographie von Makedonien, Friedrich Brandstetter, Leipzig, 1924, S. 15.
121 Autor schreibt bulgarisch, obwohl Konstantin Philosoph und Metodios und andere nur Römer waren.
122 Bulgarische Sprache war nur tatarisch = tschuwaschisch, mit der zu Hause Simeon und andere sprachen.

aufkam. Für eine Anzahl besonderer Laute, die im damaligen Griechischen nicht vorhanden waren, wurden besondere Zeichen eingeführt.[123]

Mit der Verbreitung des Christentums durch die Slawenapostel[124] Kyrill und Method gelangte die alt(-alawische, R.I.) Sprache und Schrift zunächst zu den Mähren, von dort vertrieben zu den (Sklawinen, R.I.), dann zu den übrigen orthodoxen Slawen und auch zu den Balkanwalachen, die bei ihrer späteren Wanderung nach dem Norden den orthodoxen Kultus und die (sklawinische = sog. slawische, R.I.) Kirchensprache mitnahmen. Bei den Russen und Rumänen wurde die alt(-slawische, R.I.) Sprache nicht nur als Kirchensprache, sondern auch als Literatur- und Verwaltungssprache eingeführt und diese merkwürdigen Verhältnisse blieben bis in die neueste Zeit bestehen, indem in Rumänien erst im 16. und 17. Jahrhundert ganz allmählich die Volkssprache in Kirche und Verwaltung eingeführt wurde, in Russland gar erst im Ausgange des 18. Jahrhundert. So sehen wir, dass das Makedonische (Slawisch, R.I.) der Träger und Vermittler des Christentums und der byzantinischen Kultur[125] für das orthodoxe Südosteuropa geworden ist ..."

Nach Gustav Weigand:[126] „Im oströmischen Reiche ... Die Landschaften von Sparta und Elis waren Jahrhunderte hindurch von Slawen besiedelt und noch im 13. Jahrhundert mussten die fränkischen Feudalen mit diesen Slawen kämpfen, um ihre Herrschaft zu festigen."

Also sklawinische = sog. slawische Sprache gab es nur eine: das Barbarische der Pelasger.

---

123 Sog.slawische und geramiansche Runen erhielten sog. Kyrillische Buchstaben: Buchstabe = Slovo = Slawe.

124 Man redet über Slawenapostel Konstantin Philosoph, der nur Römer war, aber die Sprache Altbulgarisch?!

125 Es handelt sich nur um alles oströmisches, aber auch seit 16. Jh. byzantinisch. Also, nichts bulgarisch.

126 Gustav Weigand, Ethnographie von Makedonien, Friedrich Brandstetter, Leipzig, 1924, S. 10.

Max Vasmer[127] gibt an: „Schließlich ist noch als Zeugnis aus dem 15. Jahrhundert für das Fortleben der Slaven am Taygetos eine Stelle aus der Schilderung einer Reise des Laskaris Kananos nach Deutschland und den nördlichen Ländern zu erwähnen, deren Entstehung von Vasiljev (Buzeskul-Festschrift S. 397ff.) in die Jahre 1412–1418 gesetzt wird. Der Grieche schildert dort auch die Umgebung von Lübeck und nennt jenes Land Cθλαβουνια. Er fügt dann eine Bemerkung über die Verwandtschaft der lübeckischen Slaven mit den Zygoten im Peloponnes hinzu: ἀπ' αὐτῆς τῆς ἐπαρχίος ὑπάρχουν οἱ Ζυγῶταιαί οἱ ἐν Πελοποννήσῳ ἐπεί ἐκεῖσε ὑπάρχουν πλεῖστα χωρία, ἅτινα διαλέγονται τήν γλῶσσαν τῶν Ζυγιωτῶν. Vgl. Vasiljev a.a. 399 ...“[128]

Auch im 15. Jahrhundert sprach man nur die pelasgische = sog. slavische Sprache.

Also, in Hellas mit Peloponnes sprach man schon im 15. Jahrhundert nur das Slawische.

Erste Sprache Hellas' war nur Katarevusa (1868) – Katarevusa war Nachfolger der Koine.

H.R.Vilkinson[129] schreibt: „G. Weigand ... Griechischer Dichter Solomos (1789–1856), war in großem Maße bewusst für Gefahr in Gebrauch der nationalischen Sprache, ‚eine Sprache, die niemand sprach nicht und spreche nicht und wird sprechen' ...“

Diese künstliche Sprache entstand von der Koine als erste christliche Sprache, dank des Apostels Pauler. Er kannte die Koine als Sprache von Alexandrien, was war nur nach dem Tode Alexanders von Makedonien. Apostel Paul kannte nicht die Sprache, die in Athen dienstlich war, das war die barbarische = pelasgische Sprache Homers, Platons ... Es folgt, als J.P. Fallmerayer besuchte Athen ..., er sah dort, dass man dort nicht die Koine

127 Max Vasmer, Die Slaven in Griechenland, Verlag der Akademie der Wissenschaften, Berlin,1941, S. 18.
128 Risto Ivanovski, „Oströmisches Reich (Byzanz im 16. Jahrhundert)", Bitola-R. Makedonija, 2018.
129 H.R.Vilkinson, Kartite i politikata, Pregled na etnografski karti, Makedonska kniga, Skopje,1992, S. 136.

sprach, sondern dort lebten die Slawen mit ihren slawischen Sprachen und slawischem Akzent. Er und andere ähnlich wie ihn schließen, Hellenen in Hellas entarten sich mit slawischer Sprache. Aber, Zustand war umgekehrt: die Hellenen redeten nur die Sprache Homers, die war nur slawisch (deutscher Linguist Passow – 1815) und Slawo-Makedonier in Lerin = Florina (eladischer Linguist Tsioulkas – 1907) Tsioulkas sammelte 4000 makedonische Wörter …

Neben slawischer Akzent, was bemerkt J.P. Fallmerayer, M. Vasmer schreibt über Dunkelvokal- in Hellas lebten nur die Pelasger, die sprachen nur Pelasgisch = sog. Slawisch.

Nabonid König der Babylonier Monotheist – Ohne Juden

Julian Degen[130] schrieb: „Im Text des Zylinders steht die Renovierung des von Sanherib zerstörten Etemenanki im Vordergrund, für dessen Umsetzung das ganze Imperium symbolisch in die Pflicht genommen wird. Wie die katalogartige Auflistung der Untertanen des neubabylonischen Herrschers zeigt, stellt der Text seiner Leserschaft zugleich auch die Ausdehnung des Reiches vor. Durch die Aussage, dass das Herrschaftsgebiet Nabuchadnezars II. sogar bis in die Mitte des oberen und unteren Meeres (*ti.[a-am-tim e li-tim] a-di ti-a-am-tim ša-ap-li-tim*) reicht, evoziert die Inschrift in ihrem genuin altorientalischen Kontext den Eindruck von Weltherrschaft. Auf diese Weise greift Nebuchadnezar in seiner Selbstdarstellung eine Vorstellung auf, die bereits in neuassyrischer Zeit existierte und ab der Zeit der Sargoniden einen universalen Herrschaftsanspruch bedeutete.

---

130 Julian Degen, Alexander III. Zwischen Ost und West, Dissertation … Innsbruck 2020, S. 244.

Ordnen wir nun den Etemanaki-Zylinder in seinen imperialen-altorientalischen Kontext ein, dann erhält er einen hohen Wert als Quelle für die Selbstwahrnehmung des neubabylonischen Reiches. Durch die Fokussierung des Imperiums auf Babylon und sein Heiligtum geht mit aller Deutlichkeit ein Bedeutungswandel in der Rolle der Stadt hervor. Zwar hatte Babylon eine Sonderstellung unter der assyrischen Freundschaft inne, aber an dem Entstehungszeitpunkt des neubabylonischen Reiches verkörperte die Stadt das Zentrum eines Imperiums, das in seiner imaginierten Raumwahrnehmung den Anspruch erhob, die gesamte Welt zu beherrschen. Abgesehen vom imperialen Auftrag greift der Text außerdem bewusst Aufgabenbereiche des babylonischen Königtums heraus und stellt diese in seinen Mittelpunkt. Schließlich bestätigen die häufige Erwähnung von Arbeiten an der Zikkurat in den Inschriften Nabopolassars, Nabonis, und Nebuchadnezers II., dass durch die ganze neubabylonische Periode hindurch die Instandhaltung der Heiligtümer einen prominenten Platz in der herrschaftlichen Selbstdarstellung einnahm. Somit evoziert der Text des Zylinders Nebuchadnezars das Bild, dass Etemenanki ein weltbedeutendes Heiligtum ist, dessen Erhaltung zur Aufgabe des guten Herrschers zählt und dessen physische Erscheinung auch den Zweck erfüllt, den universellen Herrschaftsanspruch des Herrschers zu symbolisieren. Das Selbstverständnis des neubabylonischen Herrschers beruht daher auf dem traditionalen babylonischen Herrschertum als auch auf der neuassyrisch imperialen Konzeption.

Besonders letzterer Gesichtspunkt beeinflusste das Geschichtsbild der ausgehenden neubabylonischen Zeit nachhaltig. Eine Inschrift aus der Regierungszeit des letzten neubabylonischen Herrschers Nabonid (556–539) zeigt die positive Wahrnehmung der vergangenen Bemühungen der assyrischen Könige, dem Idealbild eines babylonischen Herrschers zu entsprechen. Der Text der Inschrift wird ein positives Licht auf Aššurbanipal und Asarhaddon aufgrund ihrer Wiederaufbautätigkeit und Fürsorge für die babylonischen stadtheiltümer. Nabonid will sich in einer Linie mit diesen beiden Herrschern sehen und selbst daher eine

Beziehung zu den assyrischen Herrschern als Legitimationsfaktor für die eigene Herrschaft herstellen. Dadurch ist Nabonids Inschrift der Beweis für die Orientierung der neubabylonischen Herrscher an demselben Idealtyp, vor dem sich bereits die Assyrerkönige positionierten. Obwohl die Regierungszeit Nabonids Gegenstand kontrovers geführter Diskussion bezüglich der modernen Bewertung seiner Herrschaft ist, gibt es keine stichhaltigen Beweise anhand von zeitgleichen Quellen, die Aufschluss darüber geben könnten, dass er nicht dem Idealtyp eines babylonischen Herrschers entsprochen habe. Erste Texte aus der persischen Zeit attestieren seine Herrschaft Brüche mit dem Idealbild des guten Herrschers. Schließlich entwerfen diese Texte ein retrospektives Bild der Herrschaft Nabonids, für das Konflikte zwischen dem Herrscher und der babylonischen Priesterschaft sowie Unterbrechungen in Kult und Renovierungsarbeiten an Heiligtümern prägend waren. Die Neudeutung der Herrschaft des letzten neubabylonischen Königs kann daher als persische Reaktion auf dessen anhaltende Popularität in teispidischer Zeit gesehen werden."

Also: „Schließlich entwerfen diese Texte ein retrospektives Bild der Herrschaft Nabonids, für das Konflikte zwischen dem Herrscher und der babylonischen Priesterschaft sowie Unterbrechungen in Kult und Renovierungsarbeiten an Heiligtümern prägend waren."

Die Priesterschaft war politheistsch, aber Nabonit Monotheist. Also ohne die Juden.

„3. Das Idealbild des babylonischen Herrschers in teispidisch-achaimdeischer Zeit.

Mit der Eroberung Babyloniens durch den Teispiden Kyros II. fand das neubabylonische Reich sein Ende, und die Rolle Babylons unterlief einem Prozess der Neudefinierung. Aufgrund der ambivalenten Quellenanlage ist eine genaue Rekonstruktion des persischen Eroberung Babylons und dessen Integration in das persische Imperium mit Schwierigkeiten verbunden, weshalb mittlerweile verschiedene gelehrte Ansichten dazu vorliegen. Das Präsentieren der Eroberung Kyros' unterscheidet sich in den zeitnahen Zeugnissen sowohl aufgrund zweier unterschiedlicher Quellengattungen mit jeweils verschiedenen Perspektiven und Adressatenkreisen."

Biblische Juden nur seit 5. Jh. v. Chr.

Wolfhart Westendorf[131] gibt an: „Kurz nach der Thronbesteigung des Sohnes und Nachfolgers Königs Amenophis' III, des zunächst als Amenophis IV., später als Echnaton oder Achenaton (korrekt wohl Achanjati) bekannten,Ketzerkönigs von Amarna', erlebte Ägypten einen inneren Umsturz völlig neuer Art, da die Impulse weder von unten (wie beim Zusammenbruch des Alten Reiches) noch von außen (wie beim Einbruch des Hyksos), sondern von oben, vom König selbst, ausgingen. Die Vielzahl der ägyptischen Götter wurde auf den Sonnengott Aten reduziert, als dessen Sohn, Propheten und Vollstrecker sich Achenaten dem Volk propagierte. Der König verließ die alte Hauptstadt Theben, in der Amun-Re, der König der Götter, glanzvoll residiert hatte, und gründete in Amarna eine neue Residenz, die er,Horizont des Aten' nannte. Der neue Reichsgott Aten, in dem fortan alle Teilfunktionen des ehemaligen Pantheons zusammenflossen, war als Schöpfergott,Mutter und Vater' zugleich. Als Abbild eines göttlichen Vaters nahm der König dessen konstruierte mann-weibliche Mischgestalt an und ließ sich mit den absonderlichen Körperformen darstellen, die der Forschung noch heute Rätsel aufgeben und zu den widersprüchlichsten Deutungen geführt haben. Als überwunden dürfen wohl jene Versuche angesehen werden, ein naturgetreues

---

131 Wolfhart Westendorf, Naturalis Verlags Verlags- und Vertriebsgesellschaft mbH, München, S. 138.

Abbild des von pathologischer Missbildung befallenen Königs darin zu sehen; andere Meinungen sehen in diesen Darstellungen den Ausdruck der in diesem Augenblick sich entladenden geistigen Spannung' (W. Wolf). Mit fast denselben Körperformen und Gesichtszügen wie der König steht die Königin Nofrete (Nafteta), ebenfalls mit zwei Spendengefäßen, hinter ihrem Gemahl (nach dem Dogma ist sie die Zwillingsschwester des Königs, von demselben göttlichen Vater stammend). Eine Prinzessin schwingt ein Sistrum.

Der Gott Aten, die Sonnenscheibe, schwebt über der Königsfamilie; seine Strahlenhände fassen nach der Opfergabe und spenden zugleich Lebenskräfte, symbolisch dargestellt durch die Hieroglyphe für ‚Leben', die dem Königspaar zum Einatmen an die Nase gehalten wird.

Nach den ersten Jahren des neuen, revolutionären Stils wurden die übertriebenen, zum Teil abstoßend wirkenden Merkmale gemildert, und eine Rückkehr zum Stil Amenophis' III. angestrebt, was umso leichter fiel, als die schwärmerische Verehrung der Schönheiten der Natur und die Propagierung des wohltätigen Waltens des Schöpfergottes für Menschen, Tiere und Pflanzen gut vereinbar waren, ja dem gleichen Lebensgefühl entsprangen."

„Der junge König Tutanchamun, der in Amarna noch Tutanchaten hieß und ein Schwiegersohn des ‚Ketzerkönigs' Achenaten war, hatte nach dem Scheitern der Pläne des Achenaten die Restauration durchgeführt: Nach seiner Rückkehr aus Amarna ließ er den kurzfristig unterdrückten Götterkönig Amun wieder zu Ehren und Einfluss kommen, was sich programmatisch in der Namensänderung des Königs ankündigte. Doch nicht diese zu Lebzeiten geleistete Regierungstätigkeit brachte ihm seine heutige Berühmtheit ein, denn als König war er gegenüber den großen Pharaonen des Neuen Reiches eher unbedeutend: Er hatte das Glück, in seinem provisorischen Grab in Theben von den Schuttmassen, die bei der Anlage des Grabes' VI anfielen, so völlig zudeckt zu werden, dass er als einziger König dem Zugriff der Grabräuber entging (ein flüchtiger Besuch von Räubern vor der endgültigen Zuschüttung hatte mehr Unordnung als Schaden angerichtet).“[132]

Hermann Kinder/Werner Hilgemann[133] schreiben: „**1377–1358 Amenophis IV.**, der ‚Ketzerkönig‘ verheiratet mit NORFETETE, führt die Verehrung des ATON, der Sonnenscheibe, ein (Sonnenmonotheismus).

Hymne: ‚Sonnengesang‘. Die Residenz wird nach Echetaton (=‚Lichtort des Aton‘ El Amarna) verlegt und AMENOPHIS nennt sich später ECHNATON: Da die außenpolitischen Beziehungen wenig gepflegt werden, schwindet die ägyptische Autorität in Asien. Die nach dem Tode ECHNATONS zu Einfluss gekommene Reaktion macht die religiösen Neuerungen rückgängig. Seine Schwiegersöhne SAMENCHKARE und TUTANCHAMUN (berühmt durch das 1922 gefundene reich ausgestattete Grab) kehren nach Theben zurück. General ECHNATONS erhebt sich zum König, kämpft erfolgreich in Syrien gegen die Hethiter und schafft durch harte Gesetze Ordnung im Inneren. Vollendung der religiösen Restauration (Verfemung der Amarna –Zeit).“

„**Neubabylonisches Reich (625–539)**[134]

Die dauernden Versuche der Chaldäer, sich Babylon zu bemächtigen, haben erst nach dem Tode ASSURBANIPALS endlich Erfolg.

625–605 NABOPOLASER ist König von Babylonien, Elam, Westmesopotamien, Syrien und Palästina.

604–562 Nebukadnezar II., ein geschickter Diplomat, führt das Reich zur Blüte. Ausbau Babylons: Prozessionsstraße, Ischtator, Zentralisierung Esangila (‚Haus der Haupterhebung‘ mit dem Stufenturm Etemenanki (‚Haus der Gründung Himmels und der Erde‘ = sagenberühmter ‚Turm zu Babel‘, Gesamthöhe 90 m). Gleichgewicht der Kräfte zwischen den Großmächten.“

---

132 Ebenso, S. 144.
133 Hermann Kinder/Werner Hilgemann, dtv Verlagsgesellschaft mbH Co. KG, München, 1964, S. 25.
134 Ebenso, S. 31.

Die Überschwemmung war um die 90 Meter hoch. Das war bekannt bei den Leuten der weißen Rasse, die während der Eiszeit lebten in der Levante mit Blutgruppe 0 und nachher mit A ...

„555–539 NABONID, der Archäologen auf dem Thron', als König einsetzt. Unkluge Maßnahmen gegen die Priesterschaft zwingen den König zum Verlassen Babylons (er begibt sich in die Oasenstadt Teima). Regent der letzten zehn Jahre ist BALSAZER – **539 Eroberung Babylons** durch den Perserkönig Kyros II. **Babylonien wird persische Provinz** (S. 45).“

„**587 Wiedereroberung und Zerstörung Jerusalems**
586–538 Babylonisches Exil (S. 31) – Schicksal der Juden (Gesamtbezeichnung des Volkes statt ,Israel' und ,Herbräer') wird die ,Verstreuung' (griech. Diaspora).[135]

Israel

539 Nach Eroberung des neubabyl. Reiches durch KYROS II. gehört **Palästina zum Persischen Weltreich.** Der Tempel wird wiederhergestellt (515 vollendet), ein Teil der Deportierten kehr ab 520 zurück. Unter den Statthaltern NEHEMIA (445–433) und ESRA setzt eine politische und religiöse Neuordnung ein (Bau der Stadtmauer, Umsiedlung von Landsleuten, Schuldenerlasse, Eheverbot zwischen Judäern und Angehörigen fremder Völker). Jerusalem wird nicht nur kultisches Zentrum der nachexilischen Gemeinde, sondern auch der politische Mittelpunkt der Prioviz Juda (Statthaltersitz). Ein durch Esra 398 (?) eingeführtes Gesetz (,Heiligkeitsgesetz' ,,Priesterschrift' oder ,Pentateuch') begründet die Gesetzesreligion (das Gesetz ist eine Gabe Gottes). Das gesamte Leben wird durch das Gesetz geregelt, weshalb seine Kenntnis, Auslegung und Erklärung durch die Schriftgelehrten nötig wird, welche ihre Tätigkeiten in Synagogen (Lehrhäusern) anführten. Damit ist zugleich die Grundlage für ein religiöses und politisch aktives **Judentum** gegeben. An der Spitze der Jerusalemer Kultgemeinde steht der Hohen-

---

135 Ebenso, S. 37.

priester. Den Opferdienst versehen die zaddokischen Priester, die niedrigen Diensten verrichten die Leviten.

Ab 332 ist Palästina unter der Herrschaft Alexander des Großen[136] Die Samaritaner lösen sich von den Juden und errichteten ein eigenes Heiligtum auf dem Berg Garizim: ‚Samaritänisches Schisma'. Sie übernahmen den Pentateuch als Hl. Schrift.

Um 200 Übersetzungen des Alten Testaments ins Griechische (‚Septuaginta'). Ein weiteres Zentrum des Judentums bildet sich in Ägypten (Alexandria). Eindringen des Hellenismus führt zu Spaltung der Gemeinde in eine hellenistische und eine gesetzestreue Partei.

168 Aufstand der Hasmonäer (MATTATHIAS seine Söhne, vor allem JUDAS MAKKABÄUS) gegen die Seleukiden, um religiöse und politische Freiheit zu erlangen (Glaubenskrieg). Die Oberherrschaft der Seleukiden wird zwar ab 142 anerkannt, jedoch erhalten die Juden weitgehende politische Unabhängigkeit.

140–37 Königtum der Hasmonäer. Bildung von religiösen Gruppen: Pharisäer: gesetzestreue,abgesonderte' **Saduzäer:** sehr konservativ eingestellte Gruppe, die den Glauben von Fortleben nach dem Tode ablehnt. **Essener:** Vorbereitung auf ein messianisches Reich durch Askese und Reinheitsriten sowie durch ein Leben in klösterlichen Gemeinschaften (Chirbet Qumram, Funde seit 1947 im Wadi Qumram).

63 Eingliederung Palästinas durch Pompius in das Römische Reich (Eroberung Jerusalems, Tributpflicht).

39–4 v. Chr. Herodes der Große,[137] vom römischen Senat zum König der Juden ernannt, rottet mit römischer Duldung das Geschlecht der Hasmonäer aus und nimmt Jerusalem ein (37). Aufteilung des Reiches unter seine Söhne: Judäa, Samaria, Idu-

---

136 Kein Alexander der Große, sondern nur Alexander der Makedonier. Der Makedonier kannte keine Juden.
137 Herodes war der Makedonier und nur Polytheist. Alle Namen waren nur makedonisch.

mäa an ARCHELAOS (6 n. Chr. verbannt, Einsetzung des röm. Statthalters PONTIUS PILATUS); Galiläa und Peräa an HERODES ANTIPAS. Unter diesem Ermordung JOHANNES D. TAUFERS.

Auftreten Jesu. Verkündigung der Botschaft vom Anbruch des Reich Gottes. Nach seiner Verurteilung als Gotteslästerer durch Kreuzigung hingerichtet (um 33 n. Chr.).

- 6–70. n. Chr. Aufstand der Juden (Grund: Die Römer fordern den Kaiserkult und errichten eine kaiserliche Kultstätte in Jerusalem).
- 70 Eroberung und **Zerstörung Jerusalems** durch TITUS, den Sohn VESPASIANS (S. 97).
- 133 Unterdrückung des jüdischen Aufstands durch HADRIAN. Juden dürfen nicht mehr in Jerusalem wohnen; neues religiöses Zentrum wird Jamnia."

Hermann Kinder/Werner Hilgemann[138] geben an: „**Das Perserreich**

- 559–529 KYROS II. erobert das medische Reich (550) und festigt seine Herrschaft im Iran.
- 546 besiegt er den Lyderkönig KROISOS, unterwirft die griechischen Städte Westkleinasien und führt Feldzüge in Ostiran.
- 539 Eroberung Babyloniens. Rückkehr der Juden nach Palästina (S. 39)."

Der König Nabonid(is) der Babylonier war Monotheist als sog. Jude seit V Jh. v. Chr.

Hermann Kinder/Werner Hilgemann[139] schreiben weiter auf Seite 63, 65 und 67: „Man redet nur über Makedonien 359–336

---

138 Hermann Kinder/Werner Hilgemann, dtv Verlagsgesellschaft mbH Co. KG, München, 1964, S. 45.
139 Hermann Kinder/Werner Hilgemann, dtv Verlagsgesellschaft mbH Co. KG, München, 1964, S. 63.

Philipp II. von Makedonien, Alexander der Große (336–323). Aber die biblischen Juden waren unbekannt – sie waren in der Öffentlichkeit unbekannt."[140]

Herbert George Wells[141] gibt an: „Sechs und sieben Jahre nach arischer Einnahme des Ninivas, mit dem Umstand war Babylon an semitischen Chaldäer überlassen, dem letzten Monarch des Chaldäerreichs (zweites babylonisches Kaiserreich), Nabonid, Vater des Belsazars, war von Seite des persischen Herrschers Kyrus entthront. Und der Nabonid war ebenso sonderbarer gelehrter Herrscher, in dem war mehr Vernunft und Phantasie als praktisches Wissen für staatliche Geschäfte. Er beschäftigte sich mit antiqarischen Untersuchungen. An seinen Untersuchungen schulden wir für Datum von 3750. Jahr v. Chr., sonst zugeschrieben an Sargon I. Er war stolz auf seine Lösung, und sogar hinterließ sogar Aufschreibungen, in denen er darüber redet. Es ist klar, er war und ist Religionsnovator. Er baute und reorganisierte Tempel, und versuchte Religionen in Babylon zu vereinen, indem er eine bestimmte Zahl lokaler Götter in Bel-Marduks Tempel einbrachte. Ohne Verdacht sah er Schwäche und Zerfall seines Kaiserreiches wegen der gegensätzlichen Glaubensbekenntnisse ein, und er hatte im Sinn, alle zusammen zu vereinigen."

Also Nabonis „beschäftigte sich mit antiquarischen Untersuchungen"; Er baute und reorganisierte Tempel, und versuchte Religionen in Babylon zu vereinen, indem er eine bestimmte Zahl lokaler Götter in Bel-Marduks Tempel einbrachte. Ohne Verdacht sah er Schwäche und Zerfall seines Kaiserreiches wegen der gegensätzlichen Glaubensbekenntnisse ein, und er hatte im Sinn, alle zusammen zu vereinigen." Da gegen ihn Heiden des Babylons waren, war er kein Polytheist. Deswegen konnte er bei sich keine Monotheiste haben. Also, während seiner Zeit gab es keine Juden.

---

140 Risto Ivanovski, Biblische Juden nur seit dem 5. Jh. v. Chr., United p. c. Verlag 2022.

141 Herbert George Wells, Istorija sveta, Narodno delo, Belgrad, 1929, S. 108.

W. Durant[142] schreibt: „Ausbauen des Soldatenstaates war nicht möglich, Judäa hatte weder genug Zahl der Leute noch Mittel für ein solches Unternehmen. Da ein System der Reihenfolge notwendig war, das, bis anerkennt man Herrschaft des Persiens, wäre an Juden natürliche Disziplin und nationale Einheit geben, Geistliche haben sich gesorgt eine theokratische Herrschaft zu sichern, gegründet, wie bei Josua, an kirchliche Traditionen und Gesetze, verkündet als göttliche Befehle. Um 444 Jahr v. Chr. rief der gelehrte Priester Esra Juden zu einer festlichen Versammlung und er las ihnen von morgens bis mittags das ‚Buch der Gesetze des Moses' vor. Sieben Tage lasen seine Mitarbeiter Leviten von den Rollen bis zum Ende, die Priester und Führer des Volkes haben sich feierlich verpflichtet, diese Gesetze wie eine eigene Verfassung und ein Gewissen anzunehmen, und sie werden sich immer darauf stützen. Von den unruhigen Tagen bis heute ist das Gesetz die zentralistische Tatsache im Leben der Juden, und ihre Ergebenheit im Lauf aller Irrfahrten und Leiden war ein impressivisches Phänomen der Historie."

Hermann Kinder/Werner Hilgemann[143] geben an: „... Ein durch ESRA 458 (?) eingeführtes Gesetz (Heiligkeitsgesetz›, ‹Priesterschrift› oder ‹Pentateuch›) ..."

Wenn es zwischen 458 Jahr und 444 Jahr keine Fehler wären, gab es viele Jahre um die Bücher des Moses geschrieben werden zu sein. Also, alles war nur im 5. Jh. v. Chr.

Mormonsbuch[144]: 458 Jahr Esra war berechtigt, die Reform durchzuführen; 444 Jahr Nehemia war für den Statthalter von Judäa bestimmt worden. D. h., die Jahren stimmen überein.

---

142 W. Durant, Istočne civilizacije, Narodna knjiga –Alfa, 1995 (Novi Sad: Budućnost), S. 333.

143 Hermann Kinder/Werner Hilgemann, dtv Verlagsgesellschaft mbH Co. KG, München, 1964, S. 39.

144 Mormonova knjiga, 2018, Translation of the Book of Mormon, Serbian, Seite 217.

Also, Nabonid war wie „1377–1358 Amenophis IV., der‚Ket-zerkönig' ... führt die Verehrung des ATON, der Sonnenscheibe, ein (Sonnenmonotheismus)" (Kinder/Hilgemann).

Die Bibel, um Juden zu schaffen, war möglich mit Esra, nicht vorher und von nicht von jemand anderem.

Hermann Kinder/Werner Hilgemann[145] geben an: „539 nach Eroberung des neubabyl. Reiches durch KYROS II gehört **Palästina zum pers. Weltreich.** Der Tempel wird wiederhergestellt (515 vollendet), ein Teil der Deportierten kehrt ab 520 zurück. Unter den Statthaltern NEHEMIA (445–433) und ESRA setzt eine polit. und relig. Neuordnung ein (Bau der Stadtmauer, Umsiedlung von Landsleuten, Schuldenerlasse, Eheverbot zwischen Judäern und Angehörigen fremder Völker). Jerusalem wird nicht nur kultisches Zentrum der nachexilischen Gemeinde, sondern auch der polit. Mittelpunkt der Prioviz Juda (Statthaltersitz). Ein durch Esra 458 (?) eingeführtes Gesetz (‚Heiligkeitsgesetz',‚Priesterschrift' oder‚Pentateuch') begründet die Gesetzesreligion (das Gesetz ist eine Gabe Gottes). Das gesamte Leben wird durch das Gesetz geregelt, weshalb seine Kenntnis, Auslegung und Erklärung durch die Schriftgelehrten nötig wird, welche ihr Tätigkeit in Synagogen (Lehrhäusern) anführten. Damit ist zugleich die Grundlage für ein relig. und polit. aktives **Judentum** gegeben. An der Spitze der Jerusalemer Kultgemeinde steht der Hohenpriester. Den Opferdienst versehen die zaddokischen Priester, die niedrigen Diensten verrichten die Leviten."

In Friedrich Lübkers Reallexikon[146] steht: „Die Verbreitung der J. in den hellenistischen und im römischen Reich ist besonders durch epigraphische Funde, neuerdings auch durch die Papyri festzustellen. Älteste jüdische Niederlassung mit dem Kult des Jahu vom 6/5. Jh. in Elephantine (s.ebd.) s. Sachau, Dreia-

---

145 Hermann Kinder/Werner Hilgemann, dtv Verlagsgesellschaft mbH Co. KG, München, 1964, S. 39.

146 Friedrich Lübkers Reallexikon, Druck und Verlag von B. G. Teubner, Leipzig-Berlin 1914, S. 508.

ram. Papyrusurk. Aus Elephantine, Abh. Ak. Ber. 1907; Mittels-Wilcken I, 1, 24. Weitere jüdische Scharen unter den Ptolemaern nach Alexandrea und Ägypten. Belege s. Schürer 3, 404f., dazu Oehler ..."

Es wurde erwähnt: „Die Verbreitung der J. in den hellenistischen und im römischen Reich." Hellenistische Periode und Hellenismus waren nur nach Alexander der Makedonier.

„Jüdisch-hellenische Literatur. Sie beginnt mit der Übersetzung, Bearbeitung und Ergänzung des A. T. (vgl. Bibel), dem sie so eine Reihe apokrypter Schriften anhängt. Es fehlt aber auch nicht an Historikern des ausgehenden Judentums, z. B. Demetrios, Eupolemos, Artapanos, *Josepohos*, nicht an Philosophen wie Aristobulos und später *Philon*; um den Griechen überall gleichzukommen, werden Epos (Theodotos) und Drama (Ezechiel) gepflegt und die Trugliteratur der Oracula Silbyllina gewaltig vermehrt, sowie die orphischen Gedichte um jüdische Zudichtungen bereichert, und ein neuer Phokylides zurechtgemacht, ebenso wie man allerdings Tragikerzitate, die im jüdischen Sinne reden, fabriziert; dieser Gattung von Fälschung gehört auch der Brief des Aristeas an Philokrates und der umgestaltete Hekatoios an. Die Christen schließen sich dann eng an diese jüd.-hell. Lit., auch an die Fälschungen an, Schürer 3, 420ff.; Stählin bei Christ 2, 1, 405ff. Vgl. auch Hellenismus."

Der älteste Beweis für die Juden waren die epigraphischen Funde, durch Papyri festzustellen. „Älteste jüdische Niederlassung mit Kult des Jahu von 6./5. Jh. in Elephantin" (Friedrich Lübkers Reallexikon, 1914). Die Bibel wurde gegründet, um die Juden mit Kult des Jahu zu schaffen. Die ersten Bücher Pentateuch waren in Jerusalem in ein Buch gesammelt. Das Buch Esra redete, was in Jerusalem durchgeführt ist: Bautempel ... und sie lernen die ersten Bücher Pentateuch. Damit war ermöglicht Menschen als Juden zu schaffen. Da es keine Juden als Volk gab, gab es keine jüdische Sprache. Die Bibel wurde an Aramäisch geschrieben, in Alexandrien der Makedonier an Koine (19. Jh. sog. Altgriechisch) übersetzt und andere Bücher geschrieben. Da die Juden Koine als Hellenische Sprache angenommen hatten, erklärte sich als Hellenen. Also, man versteht Juden nur als die Monotheisten.[147] Ein Volk muss nur einrassig sein, aber in Religion sind mehr Rassen usw.

Horus, Isis, Mithras

In Friedrich Lübkers Reallexikon[148] steht: „**Horos**, Ägyptischer Gott (Hor) des Lichtes und der Sonne, Sohn des Weltenherrschers Rä oder Osiris und der Hathor oder Isis, daher von den Griechen Apolon gleichgesetzt (Herod. 2, 144); sein Feind, der ihm immer wieder entgegentritt, Set (Sutech), der Gott der Finsternis. H. vorgestellt als Kind (= dem eben geborenen Sonnengotte), den Finger im Munde, woraus Griechen und Römer, die ihn nach dem ägyptischen Wort Harpokrates auch außerhalb Ägyptens kannten und verehrten und zahlkreichen Bildwerken dargestellten, eine Gebärde des Schweigens gemacht haben (Plut. de Is. Et Os. 68; Catull 74,4; Ovid. Met. 9, 692). Die Griechen haben sich bald nach Alexander d. Gr.[149] sehr für H. interessiert und auf ihre Weise die Sage erzählt (Diod. I, 21ff.; z. T. nach Hekataios; Plut. aO, 18ff., mehrfach davon abweichend), namentlich den Kampf zwischen H. und dem bösen Dämon, den sie Typhon nennen. In der Ptolemäerzeit erscheint H. auch als Bekämpfer der Krokodile; solche Darstellungen, die H. mit dem nationalen

---

147 Risto Ivanovski, Biblische Juden nur seit dem 5. Jh. v. Chr., 2019, R. Makedonien, Deutsche Nationalbibliothek.
Ebenso: Die Bibel nur seit 5. Jh. v. Chr. mit dem Pelasgisch = sog. Slawisch, 2020, R.Makedonien, DNB.
148 Friedrich Lübkers Reallexikon, Druck und Verlag von B. G. Teubner, Leipzig-Berlin 1914, S. 447.
149 Es gab keine Griechen nur Makedonien der Makedonier. Also, es gab nur ein makedonisches Imperium.

Sperberkopfe zeigen, auch noch aus spätrömischer Zeit erhalten, entsprechend der intensiven Verehrung ägyptischer Gottheiten im Römerreiche. EdMeyer bei Roscher I, 2744ff.; Cumant, Die orient. Religionen im röm. Heidentum, übers. V. Gehrich 93."

Isis (und Osiris). MYTH, hier nur die außerägyptische Anschauung und Verehrung beider Gottheiten, d. h. wesentlich der I. zu behandeln. Die Griechen lernten den Isiskult zuerst über Kyrene kennen (Herod. 4, 186); dann beschrieb Herodot seine ägyptische Erscheinungsform (2,40ff.; 61; 156 uö.) Naturgemäß drang er in Griechenland und Kleinasien wesentlich durch den Einfluss der Ptolemäer ein. Die Seleukiden errichten der I. Heiligtümer und werden dabei von Ägypten aus unterstützt, dasselbe gilt für Athen, Syzilien, wohl auch Campanien, während der Kult sich in Rom erst im 1. Jh. v. Chr. einbürgerte, dann aber hier mit der Zeit ungewöhnliche Bedeutung gewann, wofür nicht nur Inschriften und Bilder, sondern auch die Literatur (Tibull. 1,3, 23; Propert. 4, 5, 34; Iuv. 6, 520; 9, 22; 12, 28; 13, 93; Apul. Met. 11 u. a.) zeugt, obwohl es auch nicht an Widerspruch fehlte (Varro), und die ersten Kaiser dem Isisdienste keineswegs sehr günstig gesinnt waren, bis Otho und die Flavier die I. völlig einbürgerten, und Hadrian sogar Münzen mit ihrem Bilde prägen ließ. Der Kult nahm dann weiter zu, besonders unter Caracalla und hielt sich auch noch dem Christentum gegenüber, namentlich in der konservativen Adelskreisen (Vettius Agorius Praetextatus und seine Frau, die Isispriesterin war), bis endlich unter Theodosius auch diese heidnische Gottheit allmählich wich. In den Provinzen ihr Kult natürlich ebenso allgemein. Im Mutterlande hielt er sich selbstverständlich am längsten; erst durch Iustinian erfolgte 560 seine völlige Ausrottung: Narses hob den auf der Insel Philae bis dahin geduldeten Isisdienst auf (Mitteis-Wilcken 1,1, 68; 134). Moderne Gelehrte haben Übergänge des Isis- zum Mariakult beobachten wollen. 1. Vielleicht auch durch Gleichsetzung verbreitet; so identifizieren man sie mit Selena, namentlich, weil sie in Ägypten das Kuhhaupt trägt, mit Io (vgl. Herod. 2, 41), Demeter, da sie in Ägypten die Schöpferin der Saat ist, (Herod. 2, 59); ihr Symbol sind die Ähren und das Füllhorn. Heilig ist ihr die Kuh, als Symbol der Erde und

des Landbaus. 1. bring also die Gesittung; sie trägt das Linnenge-
wand wie ihre Priester (Iuv. 6, 533: grege lingero), weil der Leimbau
von ihr stammen soll, sie schafft mit Osiris zusammen die ersten
Kulte (Diod. 1,15 nach Hekataios von Andera), stiftet die Mysterien (Plut. de Is. et Os. 27 p. 361 df.). Auch als Meeresgöttin wird
sie verehrt, wie der Hymnos von Andros (IG. XII 5 p. 216 V. 145ff.)
es ausspricht, und so heißt sie auch Πελαγία. Auch mit Aphrodite
I. gleichgesetzt, wie ihr Sohn Horos mit Eros; sie schützt die Ge-
bärenden, ist also Heilgöttin und tritt zugleich mit Separis zu As-
klepsos und Higiela in Beziehung; auch Zaubergöttin. Die Priester
der I. mussten eine strenge Lebensweise führen, walteten ihres
Amtes in Linnenkleidern (vgl. oben), hatten das Haupt geschoren
und trugen das Sistrum. Der Kult vollzog sich zT. in orgiastischen
Formen; man klagte, indem man I. Suchen nach Osiris darstellte,
dann hieß es unter lautem Jubel: εὑρήχαμεν ουγχαίρομεν. Neben
I. bedeutet ihr Gatte Osiris weniger. Die Griechen sahen in ihm
Dionysos (Herod. 2, 42) und erzählten die auf einheimische Überlieferung zurückgehende Sage (Plut. de Is. et Os. 12ff. p. 356ff.;
Firm. Mat., de err.prof.rel.2), dass ihn sein Bruder Typhon (= Set)
in einer Kiste in den Nil geforfen habe, die dann I. nach langem
Suchen bei Byblos gefunden und geborgen. Typhon aber macht sie
ausfindig und zerstückelt den Leichnam; die Teile zerstreut er. I.
auch sie wieder zusammen (Ivgl. oben die Kulthandlung) und errichtet überall, wo sie diese gefunden, ein Grabmal; ihrem Sohn
Horos Harpokrtates; vgl. edb. zieht sie als Rächer seines Vaters
auf, bis er den Typhon tötet. Ôsiris wird dann ein Richter der See-
len in der Unterwelt. Die Griechen haben diese Religion in ihren
historischen Schriften stark rationalisiert, wie Diodor und Plutarch (auch Firmicus a. O.) zeigen. Über den ganzen ungeheuren
Stoff vgl. Drexler bei Roscher 2, 373 – 548; Gruppe Myth. Lit.
532ff.; Rusch, DeSerap. et Is. Diss. Berl. 1906; Poland, Gesch. D.
Griech. Vereinswes. 218ff.; Burel, Isis et Isiaques sous l'empire ro-
main. Par. 1911; Wendland, D. Hellenist.-röm. Kult. 1912 pass.[150]

---

150 Ebenso, S. 502.

ARCH. In der ägyptischen Kunst wird I. als Kuh, als Frau mit Kuhkopf oder in voller menschlicher Gestalt dargestellt mit einem Kopfschmuck, der aus den Kuhhörnern mit der Sonnenscheibe dazwischen besteht, in der hellenisch-römischen stets als langgewandete Frau mit langen Locken, über der Stirn die Lotosblüte mit oder ohne die von Hörnern eingefasste Sonnenscheibe. Ihr Hauptattribut ist das σείστρον, sistrum, eine Klapper aus Metall, das in ihrem Kult eine Hauptrolle spielte".

„**Mithras**, uralte persischer Lichtgott, dessen Kult, mit den Zeiten der flavischen Kaiser einsetzend, sich bald den größten Teil des Römischen Reiches unterwarf. Das Material und Untersuchungen darüber bringt das großartige Werk von Fcumont, Textes et monuments fígurès relatifs aux mystères de Mithra. 2 voll. 1896; 1899; dazu eine kleinere Darstellung in der Übersetzung von Gehrich, Die Mysterien des Mithra 1911; vgl. desselben Buches, Die oriental. Religionen im röm. Heident. übers. von Gehrich 1910 pass. und ferner Adietrich, Eine Mithraliturgie 1910; Wendland, D. Hellenist.-röm. Kult. 430ff. u. pass. Unter dem höchsten über dedn Gestirnen thronenden Gotte der Perser steht ein tätige Gott M., sein Botschafter, der Anführer der himmlischen Heere in ihrem steten Kampfe gegen den Gott der Finsternis. Mit dieser iranischen Vorstellung von Gott verbinden sich semitischen (babylonische) von Sterngottheiten. Dazu treten dann kleinasiatische Lokalkulte, endlich gibt den Abschluss hellenisches religiöses Empfinden und Denken (Stoa!). So entsteht allmählich diese Lehre: Die höchste Gottheit die unendlich Zeit, Αἰών, Saeculum, Κρόνος, Saturnus. Abbildung dieser Gestalt bei Cumont-Gehrich Taf. II (Cumont pass): sie führt Zepter, Blitz, Schlüssel, Flügel, Schlange (= der Ekliptik), die Zeichen des Tierkreises als Attribute; zuweilen mit dem Schicksal, auch der stoischen letzten Ursache gleichgesetzt. *Theogonie*: Das Urwesen brachte kosmische Gottheiten hervor, die mit anderen Namen den bestehenden Göttern, frielich in obskuren Betätigungen derselben, gleichgesetzt wurden. Dazu traten auch andere wie die Anaitis, Nike, Arete. *Dualismus*: Dem echten Aufenthalt der Gottheit gegenüber Ahriman-Pluton. Sei-

ne Untertanen, die Dämonen, haben erfolglos den Himmel ge-
stürmt und schweifen nun als Plagengeister auf Erden umher;
doch sie lassen sich beschwören. *Chaldäisch-astrologischer Ein-
schlag*: Jedem Gestirn ein Tag, ein Metall heilig, für jedes Gestirn eine Stufe der Initiation vorhanden; jede Gestirngottheit
lässt sich versöhnen (in allen Mithräen die zwölf Zeichen des
Tierkreises abgebildet). Der große Mittler (μεσίτης) zwischen
dem unerkennbaren Gott und den Menschen M. aus dem Felsen
geboren (Cumont-Gehrich 116), Hirten beten das Wunderwe-
sen an, das mit einer Mütze bedeckt, Fackel und Messer trägt,
sie bringen ihm die Ertslinge der Herden und Früchte dar. Bald
beginnt der junge Heros den Kampf mit den anderen Mächten;
Streit und Vertrag mit dem Sonnengott, der von M. die Strah-
lenkrone empfängt. Danach Kampf mit dem Stier, Erlegung mit
Hilfe eines flinken Hundes; das sterbende Tier verwandelt sich
zT. In Getreide und Tauben; vergeblich lässt der böse Geist auf
den noch zuckenden Stier Skorpion, Ameise, Schlange, die sich
an seine Genitalien heften, los. Das Wunder der Verwandtschaft
vollzieht sich doch, und M. wird zum Wohltäter der Menschheit.
(Diese Szene der Stiertötung in allen Mithräen dargestellt). Entstehung des ersten Menschenpaares, über das wieder der böse
Gott Plagen verhängt. Endlich M. Mission erfüllt; letztes Mahl
mit Helios und den übrigen Genossen der Mühsal (Erinnerungs-
Agapen der Gläubigen gedenken dieses Vorgangs). Rückkehr
des M. in den Himmel; vergeblicher Versuch des Ozeans, ihn zu
verschlingen. Aber M. muss noch stets seine Gemeinde weiter
im Kampfe gegen Ahriman beschirmen, der Streit setzt sich in
dem dauernden Gegensatze zwischen Gut und Böse fort. Doch
M., der ἀνίχηος, invictus, insuperabilis, Nabarzes (persisches
Wort der Inschriften), hilft ebenso dauernd. Nach dem Tode
des Menschen kämpften die finsteren Geister und die Boten
des Himmels um den Besitz der Seele. Himmelreise derselben,
Aufstieg durch verschiedene Stockwerke; jedes Mal Ablegung
einzelner Sünden. Am Ende der Dinge Wiederkunft des M., Vernichtung des Bösen durch Feuer, Weltbrand, Erneuerung des
Alls. – *Gottesdienst*: 7 höchst sonderbar benannte Weihegrade

(Rabe, Verborgener, Soldat, Löwe, Perser, Sonnenläufer, Vater).
An der Spitze der Hierarchie die ‚Vater‘, ihr Haupt pater patrum.
Dieser leitete den Kult; die ihm unterstellten Mythen ‚Brüder‘.
Eine Art Taufe tilgte die sittlichen Befleckungen. Daneben andere Zeremonien, eine Art Messe, in der der Celebrant Brot und
Wasser, das mit dem (persischen) Haoma-Safte gemischt war,
weihte. Erhaltungen des heiligen Feuers auf dem Altar, Gebet an
die Sonne, Feier ihrer Geburt am 25. Dezember. Die Ausgabe für
den Kult durch freiwillige Gaben, an denen sich unterschieds-
los reiche Freie wie arme Sklaven beteiligten, bestritten; Zulas-
sung von Frauen jedoch nur bedingungsweise. Die Vereinigung
von Mystizismus und Ethik gab dieser Religion ungeheure Wirkung. Zwar in der hellenistischen Welt von Anfang an keinen
Erfolg, der Hellenismus lässt daher den Mithraskult erst spät
nach dem Westen kommen. Im 1. Jh. n. Chr. ward er in Rom
bekannt. Hauptfaktoren der Ausdehnung das Heer (namentlich
in der Provinz Dazien), die Kaufleute, die Sklaven, die kleine-
ren Beamten. Entgegenkommen der Kaiser am Ende des 2. Jh.
n. Chr., weil der Mithraskult ihrer göttlichen Autorität nützte
und M. im Heer heimisch war; der Kaiser heißt nach M. *invictus*. Schwerer Kampf zwischen Christentum und M.; im 3. Jh.
der Erfolg noch ganz ungewiss. Constantins Bekehrung traf den
Mitzrazismus schwer; Aufleben unter Iulian, danach Vernichtung, doch nicht spurloser Untergang, sondern Umsetzung in
andere Relionsbilde. Außerordentlich viele Denkmäler überall
da, wohin römische Heere gelangten; zwei der schönsten Mo-
numente das vom Capitol (Cumont 2, 194) und von Helddern-
heim (ebd. 364). Berühmt das jetzt unzugängliche Mithraeum
von Sa. Clemente in Rom.“[151]

    „**Stoa; Stoiker**. *1. Name und Entwicklung.* Gründer Zenon von
Kition, geb. vielleicht 336/35, 314 Schüler des Kynikers Krates,
der Megariker Stilpon und Diodorus, der Akademikers Polemon.
Nach 310 Beginn seiner Lehrtätigkeit in der στοά ποχίλη (vgl.

---

151 Ebenso, S. 675.

Zhenon). Auf ihn geht die Hauptlehre der S. Zurück; er lehrte schon die Weltverbrennung (ἐχπύρωσις). Mit ihm verbunden Kleanthes von Assos (331/30 geb.); Zenons Schüler Persalios, Ariston aus Chios, dieser stark kynisierend; Herllos von Karthago. Volle Ausbildingen erhielt die Schule durch Chrysippos von Soloi (geb. ca. 280), den großen Dialektiker, der in zahllosen, von Zitaten strotzenden Büchern die Lehre ausbaute, ja eine Art Scholastiker der S. ward. Vereinzelter Abbruch vom stoischen Lehrngebäude durch Zenon von Tarsos, der an der periodischen Weltbrennung zweifelte, Diogenes von Seleukeia, der dazu den Lebenszweck anders definierte. Seine Schüler Antipatros von Tarsos, Boethos von Sidon, Panaitos von Rhodos, der Begründer der mittleren S. (Schmekel, D. Philosophie d. Mittl. S. 1802), die eklektische Tendenz zeigt. Der größte Stoiker nach Panaitios, der letzte wirklich wissenschaftliche Forschende, aber schon von Geiste der Mystizismus kommender Jahrhunderte berühmte Philosoph ist Poseidonios, dessen Wirkung auf die Folgerzeit ungemein stark war. Namentlich der Einfluss der S. auf die Römer bedeutend (s. u. a. Auch Leo, Gesch. d. Röm. Lit. 315; 392ff. und Arnold aO); der Epikureismus zurückgedrängt. Der j. Cato Schüler des Antipatros von Tyros, in Ciceros Haus lebte der S. Diodotos, die Sextier verbreiten den Stoicismus in praktisch-ethischer Erscheinungsform. Denn dieser späte Stoicismus nun ganz auf die Ethik und Religion zurückgezogen: Cornutus verfasst sein allegorisches Buch über die griechische Theologie, Musonius Rufus hält moralische Verlesungen, Seneca ist, obwohl ihn auch Naturwissenschaftliches (nach Poseidonios!) beschäftigt, wesentlich Moralist, Hierokles verfasst eine ethnische Elementarlehre, namentlich aber wirken gewaltig die Sittenreden des Epiktet, bei dem wir schon wieder eine Hinneigung zum Kynismos, der auch dem S. Dion nicht fernliegt. In M. Aurel endlich wird ein S., der früher mit Fronto Sophist gewesen, Kaiser. Damit beginnt der Abstieg; nach Marcus' übrigens nicht gerade schöpherischem Buche εἰς ἑαυτόν (ed. Stich 1913; Leopold 1908; Schenkl. 1913; vgl. Hzeller 3,2, 255ff.; Windelband-Bonhöffer, Gesch. d. Ant. Phil. 264) haben wir keine Dokumente der S. mehr. Ihr Verschwinden bisher ein geschichtliches Rätsel; vielleicht übernahm der Neoplatonismus manches von Poseidonios und machte Stoa zT. Überflüssig. – II. Lehre. Einteilung der Philosophie in 3 Teile:

1. Logik.
2. Physik.
3. Ethik.

1. Die Logik umfasst alles, was sich auf die innere und äußere Rede (λόγος ενδιάθετος und προφορικός) bezieht; Einteilung in Rhetorik und Dialektik. Zur Dialektik gehört die Poetik, die Theorie der Musik und die Grammatik, die besondere Ausbildung durch die S. erfuhr (s. auch Leo aO.), dann auch die formale Logik und die Erkenntnistheorie. Lehre von der Grundlage der Untersuchung, den allgemeinen Vorstellungen, den κοιναί έννοιαι; von der Überzeugung (κατάληψις), die aus der Zustimmung (dem ουγκατατίθεοσθαι) zu evidenten Vorstellungen hervorgeht, der begrifflichen Vorstellung (φαντασια καταληπική) als dem Kriterium der Wahrheit. Die stoische Kategorienlehre endlich ersetzte die aristokratische Zehnzahl der Kategorien durch die Vielzahl. *2. Physik.* Ein gewisser Materialismus vorhanden; alle Substanzen, die menschliche Seele, die Gottheit, ja, die Eigenschaften der Dinge Körper oder körperlich; gleichwohl zwischen Stoff und Kräften unterschieden. Alle Eigenschaften der Dinge stammen aus dem den Stoff durchdringenden λόγος (s. ebd.), alle Kräfte von einer körperlichen Urkraft, einem warmen πνεύμα oder Feuer (vgl. Herakleitos); diese letzte Ursache wird durch die Zweckmäßigkeit der Welteinrichtung als vollkommene Vernunft, als Gottheit erwiesen. Diese durchdringt alle Wesen als künstlerisches Feuer (πῦρ τεχνικόν), sie umschließt deren Keimformen (λόγοι οπερματικοί); für diese göttliche Macht viele Namen; also pantheistische Anschauung vom Kosmos, dessen Entstehung aus sukzessiver Entwicklung des feurigen göttlichen Dunstes zu Luft, Wasser, Erde usw. sich vollzieht. Diese Welt aber vergeht auch wieder nach einer Periode im Weltbrande, der ἐκπύρωσις;‚Zeus nimmt die Welt in sich zurück‘; also endloser Kreislauf nach unabänderlichem Gesetz, von dessen Walten auch der Mensch nicht ausgeschlossen ist; sein Trieb (ὁρμή) bestimmt ihm, aber er muss so handeln (volentem fata ducum, nolentem trahunt). Bestreben der S., die allgemeine Vernünftigkeit der Welt bis ins Kleinste nachzuweisen, ihren Glauben an die Vorsehung, die πρόνοια immer neu zu begründen (Chrysippos). Im Menschen lebt ein Teil des göttlichen Feuers, das bei der Entstehung des Menschengeschlechts sich in ihn senkte; dies Seelenfeuer nährt sich von Blut; im Herzen Sitz des beherrschenden Seelenteils(ἡγεμονικν). Unsterblichkeit der Seele nicht, oder nur zT. angenommen, indem die Seele wesentlich nur der Weisen bis zum Weltende fortdauert, um dann in die Gottheit zurückzukehren. Andere freilich Poseidonios (Seneca), der an eine persönliche Fortdauer Einzelnen glaubt. Die Naturwissenschaft der S. unbedeutend; nur Poseidonis macht da eine Ausnahme. *Ethik*. Hauptforderung ομολογουμένως τή φύσει ξήν; nur das Vernunftgemäße von Wert, nur die Tugend ein Gut, das einzige Übel die Schlechtigkeit, der gegenüber alles Adiaphoron; Leben, Besitz, Tod, Krankheit ist alles gleichgültig. Die vollkommene Unabhängigkeit von Wünschen und Affekten das Ziel des Weisen, dessen Bild die S. mit besonderer Liebe bis zu völliger Abstraktheit ausführte, dessen Ideal aber für sie unerreichbar blieb. Zumeist vier Kardinaltugenden angenommen: Einsicht, Tapferkeit, Selbstbeherrschung, Gerechtigkeit. Die Gesinnung die Hauptsache bei allem pflichtmäßigen Handeln. Der Tor auf der anderen Seite geradezu wahnsinnig (πάς άφρων μαίνεται). Die Unabhängigkeit des Menschen erlaubt den Selbstmord, wie denn mancher S. Hand an sich gelegt hat. Den Kynikern ähnlich der S. Kosmolit, er gehört der Welt an, und die Welt ihm, daher Liebe zu den Menschen, Milde gegenüber den Sklaven, sowie unseren Feinden erforderlich. Religion und Philosophie nicht verschieden; nur gilt es freilich, von jener einen gereinigten Begriff zu gewinnen. Gleichwohl verteidigen die S. vielfach die Volksreligion, deren gottlos erscheinende Mythos sie allegolisieren (vgl. Herakleits ἀλληγορίαι). Namentlich aber Begeisterung der S. für die Mantik. – vgl. Zeller 3, 1, 27ff.; Überweg-Prächter 248ff; Barth, D. St. 1908; Duprat, Le stoicisme. Arch. Gesch. Philos. 1910, 472ff.; EV Arnold, Roman stoicism. 1911. Fragmente der älteren S. bei v. Arnim, Stoic. vet.-fragm. 1903–05."[152]

Wolfhart Westendorf[153] gibt an: „Hinter dem König hock auf der Thronlehne der Falkengott Horus, der himmlische Weltenlenker, der aber in seinem Aspekt als jugendlicher Morgengott der Sonne des Osiris war, jener Gottheit des ewigen Urgrundes, zu der auch der König im Tode zurückkehren wollte, um sich mit ihr zu vereinigen. Der erst später fassbar werdende Mythos lässt Osiris nach der Ermordung durch seinen Bruder Seht zum Jenseitsherrscher werden, während Horus, sein Sohn, Erbe und Rächer, neuer König von Ägypten wird. Unerlässlich ist dabei die Mitwirkung der Throngöttin Isis als Schwester – Gattin des Osiris und Mutter des Horus. So dürfte hier das Eintreten des Sohnes Horus für seinen toten Vater Osiris dargestellt sein; und wahrscheinlich ist auch der raubkatzengestaltige Thronsitz als Urbild der Göttin Isis in diesen dann eine Triade darstellendes Bild miteinzubeziehen."

„Urbild und Vorbild der Mutter, die ihr Kind ernährt, ist die Göttin Isis mit dem Horusknaben. Ihr Name steht in der Weihinschrift, weil die irdische Mutter sich Gesundheit und Gedeihen für ihr Kind erhoffte."[154]

Andreas K. Heyne[155] schreibt: „Nach dem frühen Tod Alexanders folgte ihm 305 vor Christus in Ägypten sein Feldherr Ptolemaios. Die Dynastie der Ptolemäer sollte fast 300 Jahre in Ägypten herrschen. Unter ihrer Regierung blühte erstmals

---

152 Ebenso, S. 989.

153 Wolfhart Westendorf, Naturalis Verlags Verlags- und Vertriebsgesellschaft mbH, München, S. 40.

154 Ebenso S. 78.

155 Andreas K. Heyne, Wenig bekannte Hochkulturen, Editiones Roche, Basel, 1993, S. 91.

noch einem Jahrtausend entlang des Nils wieder ein Königtum auf und es entwickelte sich eine griechisch-ägyptische Kultur.

Die einheimische Bevölkerung und die sich immer zahlreicher niederlassenden Griechen schufen Verbindungen zwischen ihren Kulten und Gottheiten. So wurde beispielsweise der alte ägyptische Gott Horus mit Apollo gleichgesetzt. Isis, die verehrte Mutter des Horus und Ehefrau des Osiris, seinerseits als Gott der Unterwelt mit dem Hades der Griechen verbunden, wurde mit der Erdmutter Demeter identifiziert. Die gemeinsamen Götter wurden sogar in den gleichen Tempeln verehrt."

Es gab nichts griechisch, sondern nur makedonisch – auch Alexander der Makedonier.

Nack Wägner[156] schreibt: „Die Perser huldigen ursprünglich einer einfachen Naturreligion. Die Naturkräfte erscheinen ihnen als Götter des Lichtes und der Finsternis. Der Kult der iranischen Lichtgottes Mithras verbreitete sich über ganz Vorderasien, und wir begegnen ihm auch seit dem 1. Jahrhundert v. Chr. im Abendland. Im 6. vorchristlichen Jahrhundert vertiefte der Begründer der nach ihm benannten Religion, Zarathustra (Zoroaster), die Vorstellung von dem Gegensatz der Naturkräfte zu der sittlichen Idee des Ringers zwischen Gut und Böse. Seine Lehre, der Zoroastrismus, wurde in dem Avesta, der persischen Bibel, niedergelegt. Nach ihm zerfällt die Welt in zwei Reiche, in das Lichtreich Ahuramazdas und in den dunklen Herrschaftsbereich des bösen Geistes, Ahriman. Alles Tun der Menschen wird geadelt, wenn sie den Kampf gegen die Widersacher der Welt, die schädlichen Tiere und Pflanzen, aber auch gegen die Laster und Sünden führen. Die Lehre fordert sogar von Menschen, auf der Seite des Lichtgottes mitzuhelfen, das Böse zu überwinden. In dieser Religion fand das persische Volk seinen Halt und die Kraft, sich in Notzeiten durchzusetzen. Ahura-

---

156 Nack Wägner, Hellas, Verlag Carl Ueberreuter, Wien ..., 1975, S. 136.

mazdas Segen schütze den König, verpflichtete ihn aber auch gerecht über seine Untertanen zu herrschen."

Wolfhart Westendorf[157] gibt an: „Die Himmelsgöttin und Mutter des Horus ist nach den ältesten Quellen Hathor (‚Haus des Horus') gewesen; später hat sich Isis an ihre Seite geschoben und verdrängt oder in sich aufgenommen. Durch die Zusammenfügung von Isis mit ihrem Bruder und Gemahl Osiris zu einem Paar, dessen Sohn Horus war, entstand eine Triade, die bis über das Ende der ägyptischen Geschichte und auch über die Grenzen Ägyptens hinaus den Gläubigen ein Höchstmaß an Heilserwartung bieten konnte.

Das Wunder, aus dem Tode neues Leben zu schaffen, wurde von den Ägyptern ursrünglich ganz physilogischen verstanden: Nach dem irdischen Vorbild konnte nur durch die Einschaltung eines weiblichen Elements die Verwanderung des Todes in den jugendlichen Horus erfolgen. Isis, die Zaubermächtige, empfing von ihren toten Gemahl Osiris den Sohn, brachte ihn zur Welt und sorgte nach seiner Aufzucht dafür, dass Isis, die Gottesmutter und Himmelskönigin, die ihrem Sohn die Brust reicht, wurde zum sinnfälligen Symbol für die Erneuerung des Lebens; in der christlichen Madonna mit dem Kinde lebt dieses Bild weiter.

Das altägyptische Motiv (vgl. S. 78) ist hier in hellenisch-römische Formen umgeprägt worden; zeitgenössisch ist das faltenreiche Gewand; neuartig ist auch die bewegte, aus den Achsen gedrehte Haltung, die bei der pharaonischen Isis nicht zulässig war. Das einzige altägyptische Abzeichen, ein Kuhgehörn mit einer Sonnenscheibe auf dem Kopf, ist verloren, lässt sich jedoch aus der dort angebrachten Bohrung erschließen. Fast völlig weggebrochen ist leider auch der Horusknabe."

Hanns Joachim Friedrichs[158] gibt an: „**Die Geburt Jesu**

---

157 Wolfhart Westendorf, Naturalis Verlags Verlags- und Vertriebsgesellschaft mbH, München, S. 233.

158 Hanns Joachim Friedrichs, Weltgeschichte. Eine Chronik Naturalis Verlag, München, S. 55.

Jesus ist die lateinische Form des hebräischen Namens Joshua, der sich von Jahwe (Gott) ableitet, das griechisch Wort ,christos' bedeutet ,der Gesalbte', also ,der König'. Millionen Menschen auf unserem Planeten erkennen in Jesus den Gottessohn und Erlöser. Wer ihn nicht als Messias anerkennt, verehrt ihn doch als den ,Bruder Jesua', den Propheten der Nächstenliebe, dessen leuchtendes Vorbild über alle Zeiten strahlen wird. Seine Botschaft, ob als Gottes Wort oder Menschenwort verstanden, hat an Aktivität niemals eingebüßt, insbesondere der Geist, der aus seiner Bergpredigt spricht, gilt bis beute als die größte Herausforderung an die Mitmenschlichkeit des Menschen.

Die Geburt Jesu wird der vierzehnjährigen Maria, verlobt mit Joseph, dem Zimmermann, durch den Erzengel Gabriel verkündigt: ,Ave, Maria!' (Gegrüßet seist du, Hochbegnate!) Der Herr ist mit dir! ... Siehe, du wirst schwanger werden und einen Sohn gebären, des Namen sollst du Jesus heißen. Der wird groß sein und ein Sohn des Höchsten genannt werden; und Gott, der Herr, wird ihm den Thron seines Vaters David geben, und er wird ein König sein über das Haus Jakob ewiglich, und seines Reiches wird kein Ende sein.' (Lukas I, 28 und folgende). Mit 15 Jahren, vermutlich im Jahre 6 vor der Zeitenwende, gebar Maria ihren Sohn. Um der Verfolgung des Königs Herodes[159] zu entgehen, der wegen der geweissagten Geburt eines Königs der Juden (nach Matthäus 2,16) den kindermord zu Bethlehem befahl, floh die Familie nach Ägypten. Nach Herodes' Tod (im 4 oder vor der Zeitrechnung) kehrte sie nach Galiläa zurück und wohnte in Nazareth, wo Joseph eine Werkstatt führte."

Otto Zierer[160] gibt an: „Der Isiskult gelangte im 4. Jh. v. Chr. von Ägypten nach Griechenland und von da nach Rom (unter Caligula offiziell anerkannt).

---

159 Herodes war nur ein Makedonier und nur ein Polytheist mit Zeus usw.

160 Otto Zierer, Große illustrierte Weltgeschichte, Sieg des Kreuzes, Herbig, München 1983, S. 49.

Der Dionisoskult, des Gottes der Fruchtbarkeit, insbesondere des Weines, wurde ekstatisch gefeiert.

Der Mysterienkult um Mithra (ursprünglich aus der Indoiranischen Mythologie) war im 2./3. Jh. im ganzen Imperium
verbreitet und stärkster Konkurrent zum Christentum. Er war
unter Kaiser Aurelian sogar Staatsreligion".

Nach einigen Autoren, Christus als Kind war in Ägypten (Horus). Aber nach anderen Autoren, Cäsarion Sohn von Kleopatra
in Indien (Krischna). Horus und Krischa waren gleich.

Die Ägypter und Weden in Indien gehörten an der weiße
Rasse von der Levante usw.

Ivo Vukčević[161]schreibt über **„Es ist kein Wort des Gottes**
Nach diesem Gesichtspunkt, jüdisch-christliche Theologie
ist es nichts anderes bis konfusische verdrehte uralte Weisheiten und kosmische Wahrheit: ,Bibel ist kein ,Wort des Gottes',
sondern ist aus heidnischen Quellen geraubt. Ihre Eden, Adam
und Eva sind aus babylonischen Schriften übernommen; ihre
Überschwemmung oder Sintflut sind nichts bis Teilchen um
vierhundert Aufschreibungen über Überschwemmung; ihre Ark
oder Ararat haben eigene Equivalente in mythischen Versionen
der Überschwemmung: sogar die Namen der Sohne Noahs sind
kopiert; so ist mit Opfern des Isaaks, Weisheit des Salomons und
Unternehmen des Stürzen der Säulen, Moses ist nach Ansehen
des Gesetzbuch syrisches Mizes' geformt. Sein Recht ist nach
Muster des Gesetzbuches des Hammubrabi. Ihr Messias ist aus
ägyptischem Mahdi abgeleitet, Rettung, einige Verse sind wörtlich Kopien der ägyptischen Handschriften. Zwischen Jesus und
ägyptischem Horus Gerald Massey findet 137 Ähnlichkeiten,
aber zwischen Jesus und Krischna hat hunderte."

„Also ... Zwischen Jesus und ägyptischem Horus Gerald Massey findet 137 Ähnlichkeiten, aber zwischen Jesus und Krischna hat hunderte."

---

161 Ivo Vukčević, Slovenska Germanija, Pešić i sinovi, Beograd, 2007,
     S. 24.

Philosoph Philon von Alexandria kannte kein Christus – er war eine Mischung.

Horus, Mitras, Vereiniger Alexander der Makedonier und Stoizismus ohne Sklaven.

Alles war verbunden nach dem Tode von Alexander der Makedonier – makedonisch.

Vladimir Aleksejevič Istarhov[162] schreibt: „Zweiköpfiger Adler, auch ist ein uraltes Symbol, das vereinigte zwei Zweige von Herrschaft – geistige und heilige. In Mittelalter christliche Überlieferungen – das ist König – Priester. In Indien – Schakra, oder Weltallverwalter. In Altägypten Pharaon, der gleichzeitig darstellt und heilige und geistliche Herrschaft".

Friedheim Winkelmann und Gudrun Gomolka-Fuchs[163] geben an: „Wir sahen ja schon im vorhergehenden Abschnitt, dass das Christentum auf dem Boden des Hellenismus entstand. Eine entsprechende Rolle spielte jüdische alexandrinische Philosoph Philon (um 25 v. u. Z. bis 40 u. Z.), der als erster griechischen Kosmos und hebräischen Schöpfungsgedanke zu verknüpfen suchte.

Nach Philon und der späteren Stoa hatte auf die geistige Entwicklung des Christentums und darüber hinaus auf das gesamte philosophische Denken der Spätantike die philosophische Richtung des Neuplatonismus (von etwa Mitte des 3. bis Mitte des 6. Jahrhunderts) den größten Einfluss. Henri-Irénée Marrou wies auf die Ursache:‚In gewisser Weise ist es das fachlich Unspezifische des klassischen Humanismus, der ihn in so wunderbarer Werise befähigt, als Propfreis-Unterlage für den goldenen Zweig aus dem Reich der Gnade (das Christentum) zu dienen.'

Von den gebildeten Christen Alexandrias gingen starke Anregungen in Richtung auf die Verknüpfungen aus. In mehreren Werken hatte sich Klemens (gest. vor 215) mit dem Christen-

162 V. A. Istarhov, Udarac ruskih bogova, Akademik Arijsko-Rusko-Slovenska Akademija, Moskva, S. 43.

163 Friedheim Winkelmann und Gudrum Gomolka- Fuchs, Büchergilde Gutenberg, Leipzig 1987, S. 35.

tum und antiker Kultur auseinandergesetzt. Seine Maxime lautete: Die griechische Philosophie‚schadet dem christlichen Leben nicht, und diejenigen verleumden sie, die sie als Werkstatt von Irrtum und schlechten Sitte hinstellen. Sie ist vielmehr das Bild der Wahrheit und ein Geschenk, das Gott den Griechen gegeben hat. Sie schadet nicht der Wahrheit durch hohles Blendwerk, dem ihr vielmehr als weiteres Bollwerk und hilft als eine Schwesterwissenschaft den Glauben zu begründen. Die Philosophie erzog die Griechen, das Gesetz die Juden, um beide zu Christus zu führen'.

Einer der größten Theologen überhaupt und sicher der fruchtbarste Gelehrte des christlichen Altertums, Origenes, der 253/254 als Märtyrer starb, wies den Weg eines gereinigten Verständnisses antiker Kultur. Einer seiner Schüler, Gregor der Wundertäter, hat uns über das Unterrichtssystem seines Lehrers genannten Bericht gegeben ...“

Isus an anderen Dialekt Isis. Also, Grund war nur Isis wie Horus, Mithras, Alexander ...

In Friedrich Lübkers Reallexikon[164] steht: „Christen. Über das Christentum, seine Ausbreitung, Bekämpfung durch Verfolgung und literarische Polemik hier nicht zu reden, nur kurz der Name zu betrachten. Dieser scheint nicht ursprgl. Christlich, Χριστιανοι nirgends in den Evangelien noch bei Paulus. Der Name Christiani, richtiger Chrestiani, im Rom zur Zeit Neros entstanden (Suet. Nero 16; Tac.ann. 15,44, wo zum erstmal in der heidnischen Literatur von Christus [Chrestus die alte Leseart] die Rede ist); das Volk nannte sie also damals im Jahre 64 so, und zwar in feindlichen Sinne, denn Chrestos war ein beliebter Sklavenname; ferner erscheint der Name in den Acta 26, 28; 11,26 wie Petr. 1,4,16. Der Streit ist, ob diese letzteren Stellen oder Tac. und Suet., die eine ältere Quelle benutzen, älter sind. Immerhin spricht noch im J. 177 n. Chr. Athenagoras (leg. 1) von

---

164 Friedrich Lübkers Reallexikon, Druck und Verlag von B. G. Teubner, Leipzig-Berlin 1914, S. 217.

den λεγόμενοι Χριστιανοί. Vgl. über das Material und die Streitfrage Gercke, Festschr. z. Jahrhundertfeier d. Univ. Brest. 360ff.".

Reinhold Lange[165] gibt an: „Wie stellte sich ... Hatte Konstantins ... nach aurelianischem Vorbild Helios-Apoll = Sol invictus ..."

Otto Zierer[166] schreibt: „Mit der Einführung der‚Sonn'tags (321) und der Verlegung des Weihnachtsfestes auf die Sonnenwende machte man im 4. Jh. Zugeständnisse an den alten Sonnenkult (Sol invictus)."

„Goldmosaik mit Christus als Helios auf dem Sonnenwagen, umgeben von Weinranken. Gefunden in einem Mausoleum unter dem Langhaus der Peterskirche in Rom. 4. Jh."[167]

In Konstantinopel besteht die Kirche, auf Platz Hora, aufgebaut von Iustiniaus. Damals hatten die Sklawinier = Polytheiste Horus verehrt, weil die Sklawinier nur einheimisch waren.

Die Ägypter und die Perser mit sog. slawischer Mythologie

Louis Leger[168] gibt an: „In der Zeit Prob gab es einen großen Regen und einen großen Sturm ...

„Hier konstatieren wir, Dažbog ist identisch mit Sonne, und meint man als Sohn des Swarogs. An anderem Platz steht als Übersetzung Ηλιος ..."

Olga Luković-Pjanović[169] gibt an, was schreibt Schafarik: „Eben so ist unser altslawisches Swarog ganz bestimmt den

165 Reinhold Lange, Imperium zwischen Morgen und Abend, Verlag Aurel Bongers Recklinghausen 1972, S. 13.
166 Otto Zierer, Große illustrierte Weltgeschichte, Sieg des Kreuzes, Herbig, München 1983, S. 53.
167 Ebenso, S. 245, Bild 34 mit Erklärung.
168 Louis Leger, La Mythologie Slave, 1901, Serbisch Belgrad 1904.
169 Olga Luković-Pjanović, Srbi ... narod najstariji, Doisie,

saksritischen Swarga, der Aether, Cölum Indri, dass auch als Beiname des Sonnengottes gebracht wird, hinsichtlich der Bedeutung sehr verwandt, sowie es ihm hinsichtlich der Abstammung und Ableitung gleicht."

Dies kann man beweisen mit den Sklawinier, die in Makedonien verehrten Horus ...

Das Slawentum war nach Slawe = Slovo = Buchstabe. Aber es gab auch göttliche Slovo = Buchstabe. Diese bestand bei Ptah, Lokalgott von Memphis-Ägypten, nachher bei Platon und Christen LOGOS = SLOVO = BUCHSTABE – die findet man in Evangelium vom hl. Johann, was man liest zu Ostern. Das kann man sehen bei den Russen. Da sie mit Strichen und Ritzen (Runen) schrieben, waren sie Ritzenvolk „Rocki-(roski-)volk". Nur nach geheimer Mission in Russland von Brüdern Konstantin Philosoph und Methodios, die Russen haben Slovo = Buchstabe und göttliche Buchstabe angenommen, und erklärten sich als Slawen. Das war Grund, die Russen nur im 860 Jahr sich als die Slawen erklärten, was findet man nur bei Photios Patriarch von Konstantinopel. Also, nur seit 860 Jahr, aber nicht vor 860 Jahren.

Nach Kavendiš-Ling,[170] hatten Kontakte unter Slawen besondere Bedeutung und verschiedene iranische Stämme. Sie geben Wörter an wie Gott oder „bog", rayl („Raj" und svyat oder sventi was bedeutet „svet". Verehrung der Sonne war slawisch und iranisch. Man meint, die Sonne und das Feuer waren Kinder des Gottes Swarog, von ihm glaubte man von der Sonne gebärt sich die Wärme und die Helligkeit. Zweiter Gott ist Stribog, Gott des Windes, dessen Kinder sind Winde des Himmels. Simargl ist iranischer Simurg, geflügeltes Ungeheuer. Ebenso von lebender Bedeutung war die weibliche Göttin Mokoš, die entspricht an iranischer Anahiti (oder armenischer Göttin Anahit). Name Mokoš bedeutete „Feuchtigkeit" (mo-

Belgrad 1990.

170 Ričard Kavendiš i Trevor O. Ling, Mitologija, London 1980; übersetzt IKRO „Mladost"-Zagreb.

krij an modernrussisch), das zeigt eine Verbindung unter Kult des Wassers und Regen und Fruchtbarkeit und Fülle. Slawischer Pantheon – Veles oder Volos war Gott der hörnigen Tiere. Dieser Name erwähnt man im 10. Jh. in russischen Schriften. „Im Christentum der Gott erscheint sich als byzantinischer hl. Blaž, der an Slawisch genannt wird Vlas oder Vlah. Er ist Beschützer des Viehs".[171]

Nach Meje und Vajan: „Unter dem Slawischen und dem Persischen bemerkt man wunderbare Zusammensetzungen, die stammen nicht von Anleihen nach Getrennung der Sprachen." Deswegen hatten diese dieselbe Sprache (Wurzel).

Auf der Balkanhalbinsel lebte nur ein Volk, nämlich die Pelasger, die verehrten Götter wie Zeus …

Louis Leger[172] gibt an: „… In einer altslawischen Übersetzung der Legende über Alexander den Großen, angegeben von Afanasiev, ist das Wort Perun eine griechische Übersetzung von Zeus …" (Der Gott Zeus war auf der Balkanhalbinsel verehrt, aber nicht Name Perun usw., R.I.)

„Bei Südslawen, Serben und Bulgaren[173] war der Name des Peruns nie erwähnt worden."

Anđelija Stančić Spajićeva[174] gibt an, daß Israeliten schmelzten sich Altheimigen … verehrten sie hl. Ilios, pervog (-Perun)": perv = prv = erster: Ilios = Helios … heiligen Ilios.

Ivo Vukčević[175] schreibt über verlorene Sprachen und Dialekte:

Viele uralte indo-iranische und damit verbundene indoiranischen Sprachen sind verloren oder sie blieben unbekannt, mit Ausnahme der isolierten Fragmente. So ist es zum Beispiel mit

---

171 Also, Vlas = Vlah = Wlah = Walach = Walachen.
   Nach Georg Ostrogorski, Walach bedeutete pastir = Schäfer.
172 Louis Leger, La Mythologie Slave, 1901, Serbisch Belgrad 1904.
173 Antikische = ethnikische Makedonier, aber Serben mit Staat Serbien seit 1830 – Bulgarien seit 1908.
174 Anđelija Stančić Spajićeva, Najstariji jezik Biblije, 1929, wiederholt IPA „Miroslav" – 1994 Belgrad, S. 45.
175 Ivo Vukčević, Slovenska Germanija, Pešić i sinovi, Beograd, 2007, S. 50.

den grenzenden indoeuropäischen Sprachen von Anatol, nördliches Kaukasus und Naheost. Einige überlebte Wörte bewegen besondere Interessen (z. B. hetischer Gott Peruas, kassitischer Gott von Sonne Surias, hetischer Herr Ishan). Die überlebenden indo-iranischen Sprachen und Dialekte blieben ungenügend untersucht nach Fragen über Verbindung mit alten und modernern slawischen Sprachen. Es gibt Grund zu glauben, dass es in den entfernten Bergen ist, wo sich ein echten linguistischen Schatz verbirgt. Auf höheren Gebirgen und entfernten Tälern Hindukuš ist z. B. Parun kafirischer Gott des Krieges; in Avganistan, sein Name in der Sprache Pušti ist Perun" (Gott Zeus = Perun = hl.Ilios: Blitz, Donner und Regen, R.I.).

Reinhold Lange[176] gibt an: „Die Vernichtung der Flotte war nicht das einzige Missgeschick, das Byzant in den letzten Regierungsjahren des Kaiser Leon traf. Eine andere Heimsuchung kam von Nowgorod; genauso unerwartet wie im Jahre 907 wieder einmal Russen im Bosporus. Ihr Anführer Oleg, Herrscher über Nowgorod und Kiew, hatte sich von seiner Hauptstadt Kiew, der‚ Mutter der russischen Städte‘, mit 2000 Booten aufgemacht, und war nach ‚Zarigrad‘ gezogen.

Und er kam vor Zargrad ... für Kiew, dann für Tschernigow und Perejaslavl und Polock und Rostov und Ljubetsch und für die übrigen Städte; in diesen Städten nämlich saßen die großmächtigen Fürsten, die Oleg untertan waren."

„Die Kaiser Leon und Alexander schlossen mit Oleg Frieden, nachdem sie sich zur Tributzahlung verpflichtet hatten; und sie leisteten gegenseitig den Eid: Sie selbst küssten das Kreuz, Oleg aber und seine Mannen ließen sie nach russischem Brauch den Eid ablegen, und sie schworen bei ihren Waffen und bei Perun, ihrem Gott, und bei Volos, dem Gott des Viehs, und sie bekräftigten den Frieden ... Und Oleg kam nach Kiew und brachte Gold mit Pavoloken (kostbare Seiden- und Brokatgewänder) und

---

176 Reinhold Lange, Imperium zwischen Morgen und Abend, Verlag Aurel Bongers Recklinghausen 1972, S. 88.

Früchte und Wein und allerlei Kostbarkeiten. Und man nannte Oleg den ‚Zauberkundigen‘, denn die Menschen waren heidnisch und einfältig (Nest.)."[177]

Weiter sprach man über Christen und Russen: Christen-Römer-Russen-Heiden.

Das Buch von R. Lange ist voll mit Erklärung Christen und Russen (nur Heiden).

Die Schädel der antikischen Makedoinier = sog. Slawen

Heutige ethnische Makedonier waren gleich mit den antikischen Makedoniern. Dies schrieb ein Grieche. Das war Puljanos (Mitglied von DAG) und das war nach dem sog. Bürgerkrieg in Griechenland. Von dort wurden damals die Makedonier von ihren Heimen aus ihrem Makedonien ausgerottet. Sie gingen ins damalige SSSR. In fünfzig Jahren in Taschkend und Tschirschik übte der Grieche anthropologische Untersuchungen aus. Er verglich diese Makedonier mit antikischen Makedoniern. Er bekam die Daten für antikische Makedonier von Archiven in SSSR. So bewies Puljanos mit den sensationellen Untersuchungen, dass antikische Makedonier gleich waren mit ethnischen Makedoniern. Hier ist wichtigste die griechische Herrschaft hatte das angenommen mit Meinung, dass die Makedonier waren Griechen. Das war nur deswegen, weil sich der Begriff Slawe durchsetzte. Diese mit ihren sog. Invasionen und ihren Zahlreichheiten hatten die Slawen ihre Sprache an den antikischen Makedoniern aufnötigen, was galt es auch über die Griechen. (Die Griechen = Hellenen, R.I.)

---

177 Ebenso, S. 89.

Nach anderen Untersuchungen in Nekropolen in Makedonien gab es keine slawischen langen Schädel. Also Begriff der Slawe als Volk war, ist und wird immer nur politisch sein.

Aber ohne politischen Begriff Slawe waren die Makedonier nur die Makedonier. Also, sie waren Einheimischen mit barbarischer = pelasgischer = sog. homerischer Sprache. Und folglich gab es Sklawinier seit dem 6. Jahrhundert, Sklawa = Gebiet. Die Slawen waren nur nach Slovo = Buchstabe und göttlicher Buchstabe (Logos = Slovo) von Konstantin Philosoph.Vor ihm war hl. Johan, Logos Platons und Ptah, Lokalgott im Memphis – Ägypten – verschiedene Begriffe.

Bis heute sagt man, sog. Slawen waren zahlreich und sie haben „umgeschmlzet" die antikischen Makedonier. Sogar antikische Makedonier „verschwanden" und von ihrer Sprache blieben nur 150 Glossen ... Aber, die Makedonier in SSSR hatten keine sog. slawischen langen Schädel und in Nekropolen in Makedonien fand man keine sog. slawischen Schädel. Die sog. Slawen haben ihre Sprache aufgenötigt aber ohne ihre sog. slawischen langen Schädel usw.

Da die erste Sprache in Hellas nur Katharevusa vom Jahr 1868 Jahr, gab es nichts hellasisch: mit Katharevusa und Dimotiki (1977), die Nachfolger von der Koine (19. Jh.), die stammte von Altägyptisch (300 Jahr. v. Chr.), kann man nicht die Sprache Homers verstehen.

Germanos Karavangelis (griechisch Γερμανός Καραβαγγέλης) war eine bekannte griechische geistliche Person – er sagte: „Sie sind die Griechen schon von der Zeit Alexanders der Große,[178] aber kamen die Slawen und slaweniseren sie. Ihr Aussehen ist griechisch und das Land, das wir treten, ist griechisch. Dafür zeugen die Denkmäler, die im Land verborgen sind, sind sie griechisch und die Moneten, die wir finden sind griechisch und die Aufschrifte sind griechisch.

---

178 Er sprach die Makedonier, aber er darf nicht Makedonier angeben, nur Alexander der Große – von Römern.

Aber er wusste nicht, dass der Name German ein slawischer Gott war und die Koine nur eine byzantinische Sprache war (J. G. Hahn 1865). Da die Koine die christliche und Handelssprache im 1865 Jahr war, Katharevusa musste nach 1865 Jahr sein. Das war nur seit 1868 Jahr. Das ist der Beweis, dass es den Staat Hellas gab, aber kein Volk der Hellaser mit eigener Sprache (Watson) – 1868 Jahr.

Das war Grund, die Makedonier sind DNS nahe der Kreter (Insel Kreta), in keinem Fall den Dunauer oder noch weiter Hinterkarpater. Das bestätigt man mit Untersuchungen von Arnaiz-Velene (Spanien) und anderen Mitarbeitern. Die Makedonier sind mit ähnlichen genetischen Freqentien mit den Einwohnern von mediterranischen Inseln Kreta, Korsika, Sizilien und Sardinien. Nach dem gemachten Dendrogram, die Makedonier gehören an dem ältesten mediterranischen Substrat wie und Iberer, einschließlich und Basken, Italiener, Franker ... Also, die Makedonier waren und sind nur einheimisch.

Man redet für die Europäer und die Nordafrikaner – Nordafrikaner waren die Ägypter.

Älteste Zivilisation Europas war in Pelagonien – die Pelagonier waren die Ptolemäer.

Das alte Ägypten mit ägyptischen Göttern

Wolfhart Westendorf[179] gibt an: „Wer sich aufmacht, den Anfängen unserer abendländischen Kultur nachzugehen, wird auf seinem Wege über die Antike oder das frühe Christentum auch das Alte Ägypten umso klarer erheben. Neben der Literatur mit ihren Anklängen an die Sprache des Alten Testaments ist es vor

---

179 Wolfhart Westendorf, Naturalis Verlags Verlags- und Vertriebsgesellschaft mbH, München, S. 1.

allem die Kunst, die einen unmittelbaren Zugang zu dieser frühen Hochkultur am Nil eröffnet, da ihre ausdrucksvollen und harmonischen Formen jeden ansprechen, der bereit ist, den eigenen Standpunkt aus der Begegnung mit einer fremden Kultur zu bestimmen. Schwieriger gestaltet sich das Verständnis der Religion, sobald man den Sonnengesang des Achenaton (Echnaton) hinter sich gelassen hat und in das verstrüppte Unterholz der Phänomene eindringt. Bei nur vordergründiger Betrachtung der Erscheinungen kann mit den ,hundsköpfigen Göttern' gleich die ganze Religion verkannt werden. Erst die Ideen, die sich hinter den fremdartigen Formen verbergen, offenbaren uns die Ägypter als Menschen, die wie wir, nur auf ihre Weise, versucht haben, das Göttliche in menschlichen Kategorien zu begreifen, das Unsagbare in Worte und das Unvorstellbare in Formen zu kleiden. Die Religion war der große Auftraggeber der Kunst. Will man über eine ästhetisierende Wertung der Kunstdenkmäler hinaus zu einem echten Verstehen kommen, so muss man die religiösen Vorstellungen kennen, die in der Kunst Gestalt angenommen haben.

Eine Darstellung der Religion der alten Ägypter auf knappem Raum gerät in Schwierigkeiten, da viele Einzelerscheinungen mitspielen, die sich zu Beginn der geschichtlichen Zeit (um 3000 v. Chr.) auf dem über tausend Kilometer langen Lebensraum des Niltales zusammenfanden, sich im Laufe von dreitausend Jahre geschichtlicher Entwicklung beeinflussten und zu neuen Ordnungen zusammenschlossen. Wie aber die altägyptische Hochkultur in allen ihren Äußerungen trotz ihrer Zusammensetzung aus sesshaften Bauern, Viehzüchtern und jagenden Nomaden ein geschlossenes Bild bietet, so scheint auch ihre Religion von einheitlichen Vorstellungen getragen zu sein, denen sich die vielen Einzelerscheinungen wie Varianten einer Grundidee unterordnen.

Versucht man, die vielgestaltige Götterwelt durch Ordnung in den Griff zu bekommen, so bleibt jeder Ansatz in vielfachen Übererscheinungen stecken. Man kann zum Beispiel die Götter nach ihren Heimat- oder Hauptkulturen ordnen (etwa die Göttin

Neith nach Sais verweisen). Diesen ‚Ortsgöttern' gegenüber stehen die an keinen Ort gebundenen kosmischen Götter, also die Verkörperungen von Himmel und Erde, Sonne und Mond, Luft, Wasser und Wüste. Die Ortsgötter sind als Universalgottheiten für alle Belange ihrer Verehrer zuständig, die kosmischen Götter nur für bestimmte Bereiche, die Ressortgötter schließlich für festgelegte Aufgaben (so Seschat für Schreib- und Rechnungswesen, Anubis für die Toten). Unpraktisch ist wegen des Festhaltens an überliefertem Gut die zeitliche Ordnung der Götter; immerhin kann man die Panthergöttin Mafdet für die Frühzeit, den Götterkönig Amun-Re für das Neue Reich und den ägyptisch-ptolemäischen Mischgott Separis für die griechisch[180]-römische Zeit isolieren (wenn man die Frage beiseite lässt, in welcher Form diese Götter außerhalb der zugeteilten Zeiten auftraten). Geht man schließlich von der Gestalt aus, so bietet sich die Unterscheidung in menschen-, tier- und fetischgestaltige Götter[181] an. Doch schon die Mischgestalten (Menschenkörper mit Tierkopf, Baum mit menschlichem Oberkörper) erweisen, dass die Götter sich nicht in bestimmte Formen erfangen lassen, sondern sich beliebig den Menschen zeigen. Allen Göttern ist gemeinsam, dass sie für den ägyptischen Menschen nicht nur Objekte des Glaubens und Verehrung waren, sondern ‚Wirklichkeiten', sofern sie nämlich in ihm und für ihn wirkten.

Grundfragen der altägyptischen Religion sind die Schaffung und Erhaltung des Lebens sowie seiner Fortdauer über den Tod hinaus, und zwar im Kosmos wie auf der Erde. Diese Zentralidee wird in zahlreichen mythologischen Bildern, die jedoch als Varianten anzusehen sind, ausgemalt. Nach der Schöpfung, die als ein Akt des ‚ersten Males' verstanden wird, gilt es, die

---

180 Es gab nichts griechisch, sondern makedonisch – Alexander der Makedonier, Alexandria … nur makedonisch.

181 „Fetisch (… bei Naturvölkern) Gegenstand religiöser Verehrung der übernatürlichen Kräfte zugeschrieben werden … port. Fertiço „Träger magischer Kraft bei afrik. u. westiind. Negern, Zauber …" (Fremdwörterlexikon, München).

Lebenskraft aller Geschöpfe für die Ewigkeit zu erhalten, was auf dem Wege einer ständigen Erneuerung oder Verjüngung erzielt wird. Der Tod ist für das Einzelwesen weniger der Endpunkt einer zyklischen Bahn, sondern zugleich und vornehmlich Neubeginn und Verbreitung des nächsten Kreislaufs. Am deutlichsten wird diese Konzeption bei Sonne, die wahscheinlich von jeher zu den Hauptgottheit des Landes zählte. Am Morgen wird der Sonnengott von der Himmelsgöttin geboren; nach Vollendung seiner Kreisbahn kehrt er zu seiner Mutter zurück, wird von ihr einverleibt (durch Verschlingen oder andersartige körperliche Verschmelzung), im Mutterleib zur nächsten Geburt vorbereitet (Abb. 1). Die Fortdauer des ‚ewigen Lebens‘ ist also auf die Wechselwirkung zweier Elemente angewiesen: eine Muttergestalt, die gebiert und empfängt, und eine Sohn- bzw. Vatergestalt, die geboren wird und durch die Rückkehr in den Mutterleib neues (eigenes) Leben erzeugt. Erst aus der periodischen Verschmelzung beider Elemente resultiert die ‚Ewigkeit‘, die in der altägyptischen Sprache folgerichtig aus zwei Wörtern besteht: einem weiblichen mit der Bedeutung unendliche Dauer, statischer Raum, chaotische Nacht, und einem menschlichen, dem die Begriffe periodische Wiederkehr, dynamischer Zeitablauf und ordnendes Licht zugeordnet sind.

Die Ägypter prägten für die Zusammenfassung dieser Vorgänge den Begriff Kamutef, der wörtlich ‚Stier seiner Mutter‘ bedeutet. Der Sohn erzeugt mit seiner Mutter sich selbst in endloser Kette der Verjüngungen und wird somit zu seinem Vater. Diese Aufspaltung des männlichen Elementes in den Vater- und den Sohnaspekt (die beide identisch sind und nur verschiedene Stadien des Zyklusablaufes erfassen) soll die ständige Veränderung, also das pulsierende Leben, sinnfällig klarmachen. Dabei erfolgt die Umwandlung vom Sohn zum Vater im Lauf mit der Zeit auf der Zyklusbahn; die Umwandlung vom Vater in den Sohn hingegen ist nur möglich durch das vermittelnde Element der Mutter.

Dasselbe Streben nach Zusammenfassung schuf aus den mythologischen Bildern für den Himmel (Pantherkatze) und die

Sonne (Falke am Morgen als Sohn, Mensch am Abend als Vater) die Mischgestalt des ‚Fliegenden Panthers' (Abb. 2). Wenn sich auch dieses Monstrum in der offiziellen Kunst nicht erhalten konnte und zu dem Emblem der ‚Fliegenden Sonnenscheibe' (S. 85) gewandelt wurde, so hat sich die ursprüngliche Mischform doch in dem sogenannten Udjat-Auge (S. 208) bewahrt. Dieses Auge, das zu einem beliebten Symbol für die ständige Erneuerung des Lichtens geworden ist, besteht aus dem menschlichen Auge des Sonnengottes (Vater), Lidlappen des Falken (Sohn) und dem geschwundenen Bogen des Raubkatzenauges (Mutter), enthält also die drei Elemente der ältesten fassbaren ‚Dreieinigkeit'.

Eine andere Möglichkeit, die drei Einzelelemente zu einer Einheit zusammengefasst, ist die Bildung von Triaden, also Götterfamilien. So lebte in Theben (S. 103) der Sonnengott Amun-Re mit der Himmelsgöttin Mut; ihr Sohn, der falkenköpfige Chons, ist als Mondgott der Stellvertreter seines Vaters in der Nacht. Die memphische Triade besteht aus dem Ur- und Schöpfergott Ptah (S. 167), der Löwin Sachmet als Himmelsgöttin (S. 109) und ihrem Sohn Nefertem, der als ‚Gott auf der Lotusblumen' die Morgensonne darstellt.

Eine ähnliche Aufführung zu einer dreigliedrigen Familie hat das Paar Nut und Re erlebt. Nut, die menschengestaltige Himmelsgöttin (die aber noch wie ihre tiergestaltige Vorgängerin als ‚Vierbeiner' über die Erde gebeugt ist), gebiert den Sonnengott am Morgen und verschlingt ihn (wie die übrigen Gestirne) am Abend (Abb. 3a).

Der Kreislauf wäre eigentlich perfekt, denn der Wiedereintritt im Mutterleib bewirkte die Neuzeugungen. Dennoch hat es in der Theologie der Himmelgöttin neben dem Sohn (und Gatten) noch einen weiteren Partner gegeben, den Erdgott Geb (Abb. 3b). Durch dieses Elternpaar sind die Vorstellungen vereint, dass die Sonne entweder aus dem Leib der Himmelsgöttin oder aus der Unterwelt wiedererscheint (S. 142 und S. 177). Beide Eltern sind nur Varianten dasselbe Themas: Beide dienen sie der Sonne als Durchgangsleib für die nächtliche Verjüngung. Der Gott zwischen Himmel und Erde ist der Luft- und Lichtgott

Schu. Eigentlich sollte er die Sohnesrolle spielen, denn durch seine Geburt werden Himmel und Erde getrennt, die zuvor in ehelicher Vereinigung lagen. Doch das theologische System von Heliopolis setzt Schu in eine frühere Generation und macht ihn zum Vater von Geb und Nut (Himmel und Erde). In Heliopolis steht an der Spitze der dortigen ‚Neunheit' ebenfalls eine Dreiheit von Göttern: Atum, ein Ur- und Schöpfergott, durch Verbindung mit dem Sonnengott Re-Atum verschmolzen, schafft durch Selbstbegattung das erste geschlechtlich geschiedene Paar: Schu und Tefnet. Hier in Heliopolis, der Residenz des Sonnengottes Re, der im Alten Reich (5. Dynastie) zum Herrn der Welt aufgestiegen war, begegnen wir einem Gott, der weder von einem Elternpaar noch von einer Mutter-Gemahlin abstammte, sondern ‚von selbst entstanden' war. Dieser Gott leitete die Schöpfung ein, indem er aus seinen mann-weiblichen Urgotteigenschaften heraus das erste Paar schuf. Er stellte die natürliche Folge auf den Kopf, schuf aus einem die Zweiheit. Doch bleibt bei dieser großartigen Schöpfungslehre der Eindruck, als ob sie durch bewusste Umkehrung eines Dreiecks entstanden ist. Jedenfalls treten später an der Spitze der Neunheit die Elemente der schon mehrfach erwähnten Dreieinigkeit auf Atum und Schu als Vater- und Sohnaspeckt des Sonnengottes, Tefnet als Himmelsherrin. Schu und Tefnet erzeugen Geb und Nut, diese wiederum die Geschwisterpaare Isis und Osiris sowie Nephthus und Seth. In der Amarnazeit kommt die heliopotanische Schöpfungslehre noch einmal zum Durchbruch, doch jetzt hat der Sonnengott nicht nur keine Götter vor sich, sondern auch kein nach sich, denn sein Sohn Schu ist identisch mit König Achenaten (S. 138).

Die bedeutendste Triade ist die von Osiris, Isis und Horus geworden. Isis ist, wie Name besagt, die Throngöttin; doch ist der Thron seinerseits nur eine Nachbildung der Himmelsgottheit (S. 40). Der König befand sich gleichsam ‚mit Himmel', wenn er vom Thron aus regiert oder urteilte (ebenfalls ‚im Himmel' waren die Toten auf ihren Raubkatzenbahren). Osiris, der Gatte und Bruder der Isis, ist nach seinem Namen ‚Sitz des Auges' ebenfalls ursprünglich eine Gottheit, die als Trägerin des Sonnenauges fungierte, das heißt: für den Akt der Verjüngung und Wiedergeburt der Sonne zuständig war. Der König schloss sein eigenes Todesschicksal dem der Sonne an und verschmolz im Tode mit dieser Gottheit ‚Sonnensitz‘, um verjüngt aus ihr zu entstehen: In Gestalt des Horus erscheint die junge Sonne im Osthorisont; als Horus, Sohn der Osiris, kommt der neue Pharao auf den Thron. Eigentlich wäre die Aufrechterhaltung des Lebenszyklus durch das Paar Osiris und Horus (oder Isis und Horus) allein gewährleistet, denn sowohl Osiris als auch Isis sind Durchgangs- und Verjüngungsstationen für Horus. Doch hat man (wie im Falle Geb und Nut) die beiden Varianten derselben Funktion zu einem Paar zusammengefasst, was umso leichter war, als die Gottheit ‚Sonnensitz‘ durch die Verschmelzung mit dem toten König entscheidend geprägt wurde und die Gestalt des Totenherrschers annahm. Als ‚Vater‘ (statt ‚Mutter‘) steht Osiris jetzt der Göttin Isis gegenüber. Wie bei Geb und Nut ist die Verteilung auf Erde und Himmel geregelt: Osiris gehört die Unterwelt, Isis behält den Himmel. Die Rückkehr des Toten in den Mutterleib erfolgt nun scheinbar auf der Umwelt über Osiris: Der Horus-König wird im Tode zu Osiris, und erst als Toter zeugt er mit Isis seine neue Horusform. Was bei Geb und Nut nach unseren Denkformen ein Widerspruch blieb (nicht nach ägyptischen!), nämlich die Nachtfahrt der Sonne entweder durch die Unterwelt oder durch das Himmelsinnere, steigert sich bei Osiris und Isis zu einer verdoppelten Wirkung: Der Tote geht jetzt durch den Leib beider Götter, ehe er wiedergeboren wird.

Der ständige Ablauf zyklischer Vorgänger als Urmodell des Lebens begegnet nicht nur bei der Sonne und den übrigen Gestirnen; er kehrt im Steigen und Versiegen des Nils wieder, im Aufsprießen und Absterben der Vegetation, in der Kette der sich ablösenden (doch in Gestalt des Osiris mystisch vereinten) Könige. Im menschlichen Bereich treffen wir die Uranleihen des religiösen Denkens: die Vorgänge um Geburt und Tod, die Herkunft aus dem Göttlichen und die Rückkehr. Für den ordnungsgemäßen Ablauf all dieser Zyklen ist Göttin Maat zuständig, sie als Leiterin der Sonne, des Königs und der Menschen deren Leben und Sterben unter ihre Geburt nimmt. Ihr Name ist derart inhaltsreich, er umfasst die Begriffe Ordnung, Wahrheit, Gerechtigkeit, dass er immer im Allgemeinen unübersetzt bleibt."

Eine Mythologie der Makedonier und der Sklawinier seit 6. Jh.

Nack Wägner[182] schreibt: „Alle diese Gottheiten waren den Menschen nahe, sie wohnten in Erdhöhlen, in Bäumen oder Flüssen. Sie zeigten sich am liebsten in Tiergestalt, woraus noch später die Verwandlungen, z. B. des Zeus in einen Stier, des Poseidon in ein Ross, erinnern. Durch diese Tierformen sollte im Menschen das Gefühl der Furcht und die Scheu vor einer Annäherung geweckt werden. Das Sein der Götter war aber auch mit Bäumen und Gewässern, mit Erdgestaltungen, mit Wind und Wolken verbunden."

„Die Götterwelt Homers ist ein wohlgeordneter Kosmos. An der Spitze steht Zeus, der einzige Gott, den alle Indogermanen (Indoeuropäer, R. I.) verehrten. In ihm eint sich das vielgestaltige Bild der Götterfamilie zur Harmonie, zum ungeteilten göttlichen Walten überhaupt. Er ist der Vater der Götter und Menschen. Er ist ursprünglich der gewaltige, überall verehrte (Panhellenios) Wettergott; er ballt die Wolke, verteilt Regen und Sturm, schickt Donner und Blitz. Es ist erklärlich, dass in wasserarmen Gegenden dem obersten Gott die Rolle zugedacht ist, den Fluren das segenbringende Nass zu kammern. Er bewahrt Haus und Hof vor Feinden und wilden Tieren, aber er ist

---

182 Nack Wägner, Hellas, Verlag Carl Ueberreuter, Wien …, 1975, S. 30.

auch Schützer des Königs und seiner Rechte und nach dem Fall des Königtums als Zeus Polieus der Schirmherr des politischen und sittlichen Gastrechtes, und er rächt den Meineid. Wenn die anderen Götter in einem Streit parteiisch auftreten, steht Zeus allein über den Parteien. Im entscheidenden Augenblick nimmt er die goldene Waage, legt die Lebenslose der Gegner darauf und lässt das Schcksal sprechen. Seine Attribute sind Blitz und Zepter, sein heiliges Tier ist der Adler, sein heiliger Baum die Eiche. Die Kunst stellt sein Antlitz majestätisch und ruhig dar, umrahmt von herabwallendem Haupthaar und dem Vollbart, Sinnbild der Wetterwolke, aus der Blitze fahren.[183]

Zeus war mit mehreren Frauen verheiratet, zuletzt mit Hera, die ihm drei Kinder, Ares, Hephaistos und Hebe, gebar.

Dodona in Epiros war der älteste Kultort des Zeus und neben dem delphischen des Apollon das bedeutendste Orakel. Hier weissagten die Priester aus Rauschen einer heiligen Eiche. Im elysischen Olympia stand ein Zeustempel mit berühmtem Goldelfenbeinstandbild der Zeus von Pheidias.

Die Schwester des Zeus, Hera, ist seine Gemahlin, die Himmelskönigin …"

Heide Borchhardt[184] gibt an: „Seit etwa einem Jahrzehnt erst wissen wir, dass dieses Theater der Originalschauplatz des Mordes, dass die Ruinen bei Vergina (Kutlesch, R.I.) zur altmakedonischen Hauptstadt Aigai gehören. Aus ihrer Bedeutungslosigkeit traten sie durch eine der sensationellsten archäologischen Entdeckungen dieses Jahrhundert: Der Ausgräber, Professor Manolis Andonikos, fand hier das Grab, das Alexander seinem Vater errichten ließ. Noch unversehrt kam es unter einem riesigen Erdhügel zum Vorschein. In ihm fand sich der marmorne Sarkophag, der die goldene Kassette barg, ihr Deckel geschmückt mit dem Stern, dem Wappen der makedonischen Könige, darin, in

---

183 Ebenso, S. 33.
184 Heide Borchhardt, Alexander König von Asien, vgs verlagsgesellschaft, Köln 1991, S. 19.

ein mit Purpur und Gold durchwirktes Tuch gehüllt, die Gebeine des Toten, auf ihnen der goldene Eichenkranz, den Philipp an seinem letzten Tag getragen hatte. Ringsum lagen die persönlichen Gegenstände des Königs, auch das Eß- und Trinkgeschirr, das er beim Hochzeitsfest benutzt hatte. Alexander gab ihm seine Waffen mit, den eisernen Brustpanzer, mit goldenen Löwenköpfen verziert (Abb. 8), die kostbar gearbeiteten Schilde, Schwerte und Lanzen, seine Beinschienen, die linke kürzer als die recht, aus Rücksicht auf eine Verwundung des Königs, seit der er hinkte."

Die Schrift des Grabes waren Striche und Ritzen (Runen),[185] die sog. slawisch war. Die Schrift wurde vernichtet und Ägäis geworfen mit Jonisch von Athen war ersetzt worden ...

„Auf einem neu angebrachten Schild steht: Schule des Aristoteles. Das ebenso neue Holzgatter ist verschlossen. Wir müssen klettern, um auf den schmalen bemoosten Pfad zu gelangen, der an einem sumpfigen, mit Grün dich bewachsenden Quellgrund vorbei auf ein kleines Plateau vor der Steilwand führt. Wo das Wasser dem Boden entquillt, das dem Land Fruchtbarkeit bringt, hausten nach altgriechischer Vorstellung die Nymphen, Wesen, die den Feen und Wasserjungfrauen unseren Märchen gleichen. Sie waren von der Gestalt schöner, junger Mädchen, waren leichtfüßig und liebten Tanz, Musik und Spiel. Den Menschen waren sie freundlich gesinnt. Man brachte ihnen Gaben dar, verehrte sie auch – wie hier bei Mieza – in Heiligtümern, den Nymphäen ..."[186]

„In einem weitläufigen, unterirdischen aus dem Felsen gehauenen Gangsystem mit Kammern zu beiden Seiten, dem Serapeion, stehen 60 bis 80 Tonnen schwere Sarkophage aus rotem und schwarzem Granit, teils glattpoliert, teils mit Hieroglypheninschriften oder eingeritztem Dekor versehen, alle an die vier Meter lang, zwei Meter breit und dreieinhalb Meter hoch. Da-

---

185 Risto Ivanovski, Kleopatra mit makedonischer Schrift – Striche und Ritzen (Runen) 2019, DNB-auch Leipzig.
186 Ebenso, S. 26.

rin lagen mumifizierte Stiere mit kostbaren Beigaben. Die heiligen Apisstiere, die die Priester im Pfahltempel zu Memphis hielten, wurden hier beigesetzt. Die Ägypter sahen in vielen Tieren die Verkörperung göttlicher Mächte, aber den Apisstier betrachtete man im Laufe der Zeit als Inkarnation des Gottes Ptah. Der tote Apis wurde zum Gott Osiris-Apis. Der tote Apis wurde zum Gott Osiris-Apis. Die Hauptgalerie der Bergräbnisstätte stammt aus ptolemaischer Zeit. Ptolemaios, makedonischer Gefährte und General Alexanders, übernahm nach dessen Tod die Herrschaft in Ägypten. Ptolemaios wollte für die beiden Völker, Ägypter sowie Makedonen und Griechen, einen gemeinsamen Kult schaffen, eine Gottheit, die griechische und ägyptische Wesenszüge in sich vereinen sollte. So entstand aus Osiris-Apis der Gott Separis, nicht tier-, sondern menschengestaltig. Als Fruchtbarkeitsgott wie der ägyptische Gott Osiris und der griechische Pluton trägt Separis das Getreidemaß auf seinem Haupt. Als Weltbeherrscher ist er mit langem Haar und Bart dem obersten der griechischen Götter, Zeus, angeglichen."[187]

„Die Griechen waren schon seit Jahrhunderten gewöhnt, sich fremder Umgebung anzupassen. Sie übernahmen in Ägypten Vorstellungen des ägyptischen Glaubens, verehrten auch ägyptische Götter, wie den Krokodilgott (Abb. 58), aber sie verehrten sie anders als die Ägypter, passten sie ihrer eigenen Vorstellungs- und Glaubenswelt an. Sie pflegen ihre Sprache – kaum ein Grieche unterzog sich der Mühe, demotisch zu lernen – und mit ihrer Sprache auch ihrer Kultur."[188]

Altägyptisch (Hieroglyphen), Koine (jonische Schrift) und makedonisch (Runen).

Die Runenschrift war makedonisch = sog. slawisch. Die Sprache war barbarisch der Makedonier und der Hellener als Pelasger (Herodot ...) – auch an Sklawinier seit 6. Jahr.

---

187 Ebenso, S. 127.
188 Ebenso, S. 142.

„Man schrieb auf Papyrus. Einzelbögen wurden dem Umfang des Werkes entsprechend zu Streifen zusammengeklebt und als Rollen verwahrt. 400.000 bis 700.000 Rollen – die Angaben schwanken – soll die Bibliothek besessen haben.[189]

Sie war und blieb das Lieblingskind der Ptolemäer, und immer sie der Bücher habhaft werden konnte ... Besonders bei Homer war dies eine Sisyphusarbeit, der ja schon seit 300 Jahren als Schullektüre in allen griechischen Städten in Umlauf war. Auf diese Weise entstand in Alexandria eine neue Wissenschaft, die Philologie. Als Nebenprodukt sozusagen wurden die ersten Grammatiken und Formenlehren zu griechischen Sprache verfasst. Auch fremdsprachige Literatur wurde im Auftrag der Ptolemäer übersetzt. Das bekannteste Beispiel ist die Übersetzung des Alten Testamentes ins Griechische. Viele Juden, die in Alexandria und anderen Großstädten des hellenischen Reiches lebten, konnten Griechisch, aber kein Hebräisch mehr lesen ..." (ohne Hebräisch nur Aramäisch; ohne Griechisch nur Ptolemäisch).

Koine war Nachfolger des Altägyptisch, nur seit 300 Jahr v. Chr. Da Koine, Katarevusa und Dimotike als Nachfolger des Altägyptisch waren, kann man nicht die Homerische Sprache verstehen, die nur slawisch war (Passow 1815) und slawo-makedonisch (Tsioulkas 1907).

Carlo Maria Franzero[190] gibt an: „Der König ... Wie die Dinge nun einmal lagen, schickten sich die Ägypter darein, die Fremdlinge als Nachfolger ihrer Könige gelten zu lassen, und gaben den Ptolemäern die Titel, die einst den Pharaonen zukamen: sie nannten die Ptolemäer, Ebenbild Amun', ,Sohn der Sonne' und ,Auserwählter Ptah'. In den Tempeln errichtete man ihre Staatsbilder mit den Isignien der Pharaonen von ehedem, der Doppelkrone von Ober- und Unterägypten, den Hörnern und

---

189 Ebenso, S. 144.
190 Carlo Maria Franzero, Kleopatra, Deutsche Hausbücherei Hamburg, Winkler-Verlag München, 1957, S. 16.

Federn Amuns, der Königsschlange über den Brauen. So angetan erwiesen die Ptolemäer der Kuh Hathor göttliche Ehren, beugten sich tief vor dem Krokodil Sebak und verbrannten der Katze Bast Weihrauch, denn sie waren seit zweitausend und mehr Jahren die Götter des ägyptischen Volkes. Man stellte die Prolemäer in den Armen Isis' dar, gegrüßt von Osiris, den Kuss von Nut, der Himmelsmutter, empfangend."

„Es war eine Geste von größter Tragweite. Mit ihr wurde Kleopatra, die in Ägypten als Inkarnation der Isis-Aphrodita betrachtet wurde, dem römischen Volk als Gottheit vorgestellt, ja Sinnbild jener Urmutter Venus, von der Cäsar selbst abzustammen vorgab."[191]

Autoren schreiben, die Sumerer waren Mediterraner und die Akkader Schwarzköpfige.

Julian Degen[192] gibt an: „Vor einem anderen Hintergrund ist die Beschreibung des tesipidischen Imperiums im Kyros-Zylinder als dritte zu besprechende Passage zu lesen. An zwei Textstellen steht die Vorstellung von Weltherrschaft deutlich im Vordergrund:

,Kūraš, den König der Stadt Anšan, berief er mit seinem Namen, zur Königsherrschaft über das gesamte All nannte er seinen Namen. Das Land der Gutär, den ganzen Meder-Haufen, beugte er nieder zu seinen Füßen, die Menschen, die Schwarzköpfigen, die er seine Hände erreichen ließ, wieder (jen)er dauerhaft in Wahrheit und Gerechtigkeit. '

In diesem Zusammenhang ist die Phrase ,zur Herrschaft über das gesamte All' (*ana malikūti kullata naphar*) auffällig, da die einzigen weiteren Belegstellen dafür aus den neuassyrischen Herrscheinschriften stammen. Die Universalität der Herrschaft Kyros' zeigt sich auch durch die Bezeichnung seiner Untertanen als ,die Schwarzköpfigen' (*salmāt qaqqadi)*. Auch in diesem Fall kann eine Analogie zu den Inschriften neuassyrischer Herrscher

---

191 Ebenso, S. 86.
192 Julian Degen, Alexander III. Zwischen Ost und West, Dissertation ..., Innsbruck 2020, S. 254.

hergestellt werden. In deren offizieller Repräsentation wird der ideologisch aufgeladene Begriff dazu benutzt, um die Herrschaft des assyrischen Königs über die gesamte Menschheit auszudrücken. In der zweiten Stelle findet die Universalherrschaft des Teispiden ihren Ausdruck durch den Verweis des Texts auf die Meere als bedeutsame geographische Referenzpunkte."

Wolfhart Westendorf[193] gibt an: „Versucht man ... Geht man schließlich von der Gestalt aus, so bietet sich die Unterscheidung in menschen-, tier- und **fetisch**gestaltige Götter an ..."

„Fetisch (... bei Naturvölkern) ist ein Gegenstand religiöser Verehrung, dem übernatürliche Kräfte zugeschrieben wird ... port. Fertiço,Träger magischer Kraft bei afrikanischen und westindischen Negern, Zauber' ..."[194] Also, dieser Glaube war bei dunklen Rassen, bei Negern und Indienern beliebt.

Weiter: „Doch schon die Mischgestalten (Menschenkörper mit Tierkopf, Baum mit menschlichem Oberkörper) erweisen, dass die Götter sich nicht in bestimmte Formen erfangen lassen, sondern sich beliebig den Menschen zeigen. Allen Göttern ist gemeinsam, dass sie für den ägyptischen Menschen nicht nur Objekte des Glaubens und Verehrung waren, sondern,Wirklichkeiten', sofern sie nämlich in ihm und für ihn wirkten."

Andreas K. Heyne[195] schreibt: „Die Urnen wurden oft mit Pfauen und Rindern verziert – ihre Bedeutung lässt sich nur erahnen. Vielleicht waren es Begleiter auf der Reise in das nächste Leben? Der Übergang von der Erdbestattung zur Urnenbestimmung zeigt jedenfalls eine Änderung des Kultus bereits vor der arischen Einwanderung. Nach wedischem Ritus werden Verstorbene ja noch heute auf einem Scheiterhaufen verbrannt – gelegentlich samt ihren Witwen."

---

193 Wolfhart Westendorf, Naturalis Verlag mbH, München, S. 1.
194 Fremdwörterlexikon, Herausgegeben von Gerhard Wahrig, München, 1983, S. 225.
195 Andreas K. Heyne, Wenig bekannte Hochkulturen, Editiones Roche, Basel, 1993, S. 26.

Man unterscheidet Leute der dunklen Rasse (Neger, Indiener …) und weißen Rasse mit Weden von Ostmediterran wie die
Thraker …, die Makedinier und die Sklawinerer 6. Jh. n. Chr.

Reinhold Lange[196] gibt an: „Als schon die Nacht hereingebro-
chen war, kamen die Skythen beim Licht des Vollmondes aus der
Stadt wieder in die Ebene und suchten nach den Leichen ihrer Ge-
fallenen; sie trugen sie vor der Mauer zusammen und verbrannten
sie auf zahlreichen Scheiterhaufen, wobei man nach der herge-
brachten Sitte viele Kriegsgefangene, Männer und Frauen, ihnen
zu Ehren schlachtete. Es wurden auch Säuglinge und Hähne als
Totenopfer in den Fluten des Istros (Donau) ertränkt. Man sagt,
die Skythen hielten an den religiösen Bräuchen der Heiden fest,
indem sie auf ihre Art und Weise den Dahingegangenen blutige
Opfer und Trankspenden darbrächten." (L. Diak.)[197]

In Skythien gab es auch mehr Einflüsse von den Negern und
von Ostasien (s. Herodot).

Eberhard Zangger[198] schreibt: „In religiösen Dingen war das
hethische Volk außerordentlich anpassungsfähig. Die Menschen
betrachteten die Natur als beseelt und entwickelten durch re-
gelmäßig vollzogene Feste und Rituale eine enge Beziehung zu
ihren Gottheiten – deren Zahl so groß war, dass sie sich selbst
als ‚Volk des tausend Gottheiten' bezeichneten. Viele Gottheiten hatten sie von der (proto-)hatischen nach verstorbenen
Königen, Berge, Flüsse und Quellen[199] zu Gottheiten ernannt.
Zu den wichtigsten gehörten der ursprünglich stiergestalige
Wettergott und die ‚Sonnengöttin von Arinna'; beide waren bereits von der altkleinasiatischen Urbevölkerung verehrt worden.
Diese Gottheiten galten als die eigentlichen Besitzer und Besit-

---

196 Reinhold Lange, Imperium zwischen Morgen und Abend, Verlag
 Aurel Bongers Recklinghausen 1972, S. 144.
197 Leon Diakonos …, Geschichte … 1961.
198 Eberhard Zangger, Ein neuer Kampf um Troia, Droemer Knaur,
 München 1994, S. 144.
199 Auch „… Berge, Flüsse und Quellen" wie die antikischen Makedonier, Sklawinier und ethnische Makedonier.

zerinnen des Landes, das der König lediglich als Verwalter und Garant für die Fruchtbarkeit bewirtschaften ließ." (Kleinasien wie in Makedonien, R.I.)

In Friedrich Lübkers Reallexikon[200] steht: Isis „ARCH. In der ägyptischen Kunst wird I. als Kuh, als Frau mit Kuhkopf oder in voller menschlicher Gestalt dargestellt mit einem Kopfschmuck, der aus den Kuhhörnern mit der Sonnenscheibe dazwischen besteht, in der hellenisch-römischen stets als langgewandete Frau mit langen Locken, über der Stirn die Lotosblüte mit oder ohne die von Hörnern eingefasste Sonnenscheibe. Ihr Hauptattribut ist das σεῖστρον, sistrum, eine Klappe aus Metall, das in ihrem Kult eine Hauptrolle spielte."

Herodot war in Ägypten bis Elephantin; Platon in Ägypten … mit Atlantis usw.

In dtv-Atlas:[201] **Ägypten** (nach Herodot ‚Das Geschenk des Nils') liegt in dem ungefähr 1000 km langen, 10 bis 20 km breiten fruchtbaren Nil-Tal (‚schwarzes Land'), das im Westen und Osten von Wüste umgeben ist (‚rotes Land'). Das zwischen Juli und Oktober heranflutende, fruchtbaren Schlamm mit sich führende Hochwasser (‚Nilschwelle') ist Grundlage für die Fruchtbarkeit des Landes. Auf die vorgeschichtlichen Kulturen von Badari, Merimde und Negade erfolgt um 3000 die Bildung eines oberägypt. und unterägypt. Reiches. Die beiden Reiche werden unter NARMER und AHA (nach griech. Überlieferung: MENES) vereinigt, die Hauptstadt Memphis (‚Weiße Mauer') gegründet.

Altes Reich (2850–2052) 2850–2650 Thinitenzeit (1. und 2. Dyn.). In dieser Epoche isoliert sich der Staat anderen Völkern gegenüber, fremde Einflüsse werden beseitigt, die Beduinen auf der Sinaihalbinsel bekämpft (Gewinn der Kupferminen). Fahr-

---

200 Friedrich Lübkers Reallexikon, Druck und Verlag von B.G.Teubner, Leipzig-Berlin 1914, S. 502.
201 Dtv-Atlas zur Weltgeschichte, Band 1, Deutscher Taschenbuch Verlag GmbH&Co. KG, München, S.23.

ten nach Byblos (Zedernholz); Vorstöße nach Nubien. Bau von Königsgräbern (Mastaba- Bank).

2650–2190 Pyramidenzeit (3–6. Dyn.). Politisches Zentrum: Memphis unter dem 1. König DJOSER, der in der vom Arzt und Architekten IMHOTEP erbauten ‚Stufenpyramiden' von Sakkara (= sechs aufeinandergestellte Mastabes) bestattet ist. 4. Dyn.: Die Pyramidenerbauer: SNORFU (Pyramiden von Dahschur und Medum), CHEOPS; CHEPHREN und MYKERINOS (Pyramiden von Gieseh, west. Kairo). 5. Dyn.: Die Sonnenreligion (RE von Heliopolis) wird Staatsreligion (Sonnenheiligtümer mit Obelisk). 6. Dyn.: Mit der Ohnmacht der Pharaonen wächst die Macht der Feudalherren. Soziale Umwälzungen beschleunigen den Zusammenbruch des Einheitsstaates (der Süden macht sich selbstständig). Die Kämpfe unter den lokalen Feudalherren fördern die zunehmende Rechtsunsicherheit. Aufstände, Zerstörung der Gräber. Literarischer Niederschlag der geistigen Krisenstimmung: ‚Lehre für König Merikare', ‚Klagen des beredten Bauern', ‚Gespräch eines Lebensmüden mit der Seele'.

2190–2052 Erste Zwischenzeit (7.–10. Dyn. – Herakleopolitenzeit). Unter den lokalen Feudalherren erlangen nur die Gaufürsten von Herakleopolitis größere Bedeutung. Die Fürsten von Theben ringen um die Einheit.

Staat: Der Pharao (‚Großes Haus') ist absoluter, erblicher König, die Inkarnation des Falkengottes Horus (‚Großer Gott'). Seit der 4. Dyn. wird er als Sohn des Sonnengottes Re verehrt. Zentralisierte Staatsverwaltung: Beamte (‚Schreibens') unter einem obersten Minister werden vom König aus dem alten, entmachteten Adel ernannt. Einteilung des Landes in Gaue unter Gaufürsten. Kein stehendes Heer. Naturalwirtschaft. Neben der Besteuerung (Korn und Vieh) besteht die Pflicht der Untertanen zu Frondiensten. Rechtssicherheit wird durch Gerichte gewährleistet. Auslandsbeziehungen nach Syrien und Punt (Somaliland). Feldzüge nach Lybien und Palästina.

Religion: Im Anfang Vielfalt der Kulte (tiergestaltige oder tierköpfig dargestellte Gottheiten). In historischer Zeit große Bedeutung der Sonnenreligion. Entstehung wichtiger Kultzentren: Re-ATON von Heliopolis, PTAH von Memphis, THOT von Hermopolis. Der Vegetationsgott OSIRIS wird Totenkönig. Glaube an ein Totengericht und Fortleben nach dem Tode, deshalb Opfergaben.

Robert Grevs[202] schreibt für „"arische Gottheit – Indra, Mitra und Varun ... obwohl Zeus Jahrhunderten war nur ein Halbgott, aber nicht eine unsterbliche olympische Gottheit ..."

„Olympische Familie ... das war die göttliche Familie, sechs Götter und sechs Gottheiten, an der Spitze mit vereinigter Herrschaft von Zeus und Hera, also das war der Rat der Götter im babylonischen Stil ..."[203]

„6. Bruderschaft von Had, Poseidonis und Zeus erinnert an männliches Dreierlei in Veden- Mitra, Varun und Indra ..."[204]

„Aus der Rache ... Als Tiphonis ging nach Olymp, die Götter in Angst davonliefen, sogar in Ägypten und dort verwandelten sie sich in Tiere: Zeus wurde ein Bock; Apolon ein Rabe, Dionisus eine Ziege, Hera eine weiße Kuh; Artemide eine Katze; Aphrodita ein Fisch; Areus ein Eber; Herakleus verwandelte sich in den Vogel Ibis und so weiter."[205]

„2. Flucht der Götter in Ägypten ... ist Erfindung als Alusion an Rechnung der Ägypter, die darstellten die Götter in Gestalt der Tiere: Zeus – Amon als Bock ... Hermes – Tot als Ibis oder Kranich ... Hera – Izida als Kuh ... Artemida – Pašt als Katze und so weiter ..."[206]

Olga Luković-Pjanović[207] gibt an, was Gregor Dankovsky schreibt über „Die Griechen als Stamm- und Sprachverwandte der Slawen": „Die Vorfahren der ... Slawen verehrten daher ursprünglich das höchste Wesen unter dem allgemeinen Namen

202 Ebenso, S. 134.
203 Robert Grevs, Grčki mitovi, Nolit • Belgrad, 1974, S. 14.
204 Ebenso, S. 16.
205 Ebenso, S. 43.
206 Ebenso, S. 134.
207 Ebenso, S. 136.

des Heiligen (BOG, Βαγίοζ). Die Vielgötterei kam später aus Ägypten nach Griechenland." (Herodot, II, 51-53)

Heiliger Clement[208] von Alexandrien ist ein von den Apostolen als Vater und einer der größte frühere christliche Lehrer, geboren im 150 Jahr. Er erwähnte in seinem Werk separat uralte Makedonier und uralte Hellene.

„... Viele Leute von Einwohnern in Asien verehren das Feuer, unter ihnen sind die Makedonier, wie sagt Diogenes in erstem Buch in seiner,Persischen Historie'.

... Sie meinen nicht – wie die Griechen, die Tiere und Steine sind Zeichen der Gottheit, sogar nicht (sie verehren) Ibisen und Ichneumonen, wie Ägypter, aber sie beachten das Feuer und das Wasser, wie das machen Philosophen." (Also, nicht Griechen, sondern Hellenen, R.I.)

Man darf nicht vergessen, die Briger (von heutigem Makedonien) in Kleinasien gründeten Anatol und Armenien, nachher auch Phrygien (Herodot): ph = f = b – Brigien.

Und nach Stephan von Byzanz, die Briger waren nur ein makedonischer Stamm.

Bis heute gab es keine Befunde/Beweise für die Übersiedlung der Slawen. Das war der Grund, warum die Makedonier und die Sklawinier gleiche Gottheiten verehrten. Sogar nach dem Tode Alexanders der Große verehrten die Sklawinier neben Zeus ... noch Horus ...Mithras usw.

Arian[209] Erstes Buch IV: „Und Geten ... an ... Istar ... Zeus ... Herakleos ...";

XI: „... Alexander ... Zeus von Olymp ... Asien – an Zeus ... an Athena und an Herakleos ...;

Zweites Buch XVI: Tiros ... Herakleos, Kadmos von Phönikien ... Dionisus ...";

208 Olga Luković-Pjanović, Srbi ... narod najstariji, Dosije, Belgrad, 1990 (ohne Seiten – durch Internet).
209 Clement of Alexandria, „The Exhortation to the Greeks", S. 147.

Antikische Makedonier nur mit den Göttern ohne Pflanzen und Haus- und Wildtieren.

Louis Leger[210] sagt: „Wenn die Slawen für einen obersten Gott wussten, der in ihrem Pantheon herrschen würde, wie Zeus in hellenischem und Jupiter im latinskem Pantheon?"

„... In einer altslawischen Übersetzung von Legende über Alexander der Große, die Afanasijev angibt, Wort Perun ist eine Übersetzung des griechischen Zeus ...".

„... Perun ... in Glaube der alten Russen ...‚Es gibt zwei Engel des Donners, hellenischer Perun und jüdischer Hors' ... Ist er jener oberste Gott, von dem redet Prokopius ...?

Bei Südslawen, die Serben und Bulgaren, Name des Perun erinnert sich in keinen historischen Denkmälern ..."[211]

„... Prokopius ... vielleicht denkt an Perun.‚Sie erkennen einen einzigen Gott ...'"

Ljubomir Domazetović[212] schreibt unter 7: „Die Kulte bei alten Illyrern halten sich und bei den Slawen auf Balkanhalbinsel. So bei den Slawen behalten sich Kult Göttin der Wälder und der Jagden, wie bei Illyrern Thana, und bei Serben[213] (Makedoniern, R.I.) Mutter Jana". (Die Slawen = die Sklawinier, R.I."

Olga Luković-Pjanović[214] gibt an, was Gregor Dankovsky schreibt über „Die Griechen als Stamm- und Sprachverwandte

---

210 Arian, Aleksandrovata Anabasa, Patria- Skopje, R. Makedonien, S. 1.

211 Louis Leger, La Mythologie Slave, 1901, Serbisch Belgrad 1904.

212 Makedonien war bis zum Fluss Donau. Es gab Überlieferung, nachgedichtet mit Serbisch von Vuk Karadžić als Nachfolger des Alstlawisches mit 6 Kasus von Dialekt von Solun (Saloniki) Makedonien. In Überlieferung steht, Belgrad und Smederevo sind in Makedonien. Also, die Bulgaren und die Serben waren nur die Makedonier. Seit 1808 Jahr Geograf Zeune den Begriff Balkan bis Balkanhalbinsel einführte, um Makedonien zu verschwinden.

213 Ljubomir Domazetović, Antička istorija i poteklo Srba i Slovena, Belgrad 1995, S. 176.

214 Die Hellaser und die Serben nur seit 1830 Jahr. Serbe = Serb = Srb = Sichel. Also, Serbe nur als die Sicheler.

der Slawen": „Die Geten waren Slawen, gehörten zum Thracischen Geschlechte, und redeten mit Thraciern einerlei Sprache."

„Die Vorfahren der … Slawen verehrten daher ursprünglich das höchste Wesen unter dem allgemeinen Namen des Heiligen (BOG, Βαγίοζ). Die Vielgötterei kam später aus Ägypten nach Griechenland" (Herodot, II, 51-53).

Nach Louis Leger,[215] „… Perun … Ist er jener oberster Gott von dem Prokopius redet …?"

Bei Südslawen, die Serben und Bulgaren, Name des Perun erinnert sich in keinen historischen Denkmäler …

„… Prokopius … vielleicht denkt an Perun.,Sie erkennen einen einzigen Gott …'"

H. Kinder/W. Hilgemann[216] schreiben über Religion von Rom: 1. Jupiter, 2. Mars … „Volcanus (Hephaistos), der Gott des Feuers"; „Vesta, die Göttin des Herdes" … „außerdem gibt es Sondergottheiten für Quellen, Haine und Höhlen …"

Stjepan Antoljak[217] gibt an: „Aber … besonders verehrten sie (Sklawinier, R.I.) die Nymphen, die Flüsse, die Seen, die Höhlen und die Berge. Sonne, Mond, die Sterne, Feuer …"

Pavel Tulajev[218] gibt an: „Modern Jordanes … die Slawen (Sclaveni) … Glaube (in einem Gott Schöpfer des Blitzes), die Rituale und die Bräuche (Verehrung der Flüsse, Beitragen der Opfer, Zauberei) …" (die Slawen [Sclaveni] = Sklawinier, R.I.

Louis Leger[219] redet über Nymphen, „Kultus. – Opfer. – Tempel. – Idole. – Heilige Wälder. – Zauberer. – Orakel".

215 Olga Luković- Pjanović, Srbi … narod najstariji, Dosije, Belgrad, 1990 (ohne Seiten – durch Internet).
216 Louis Leger, La Mythologie Slave, 1901, Serbisch Belgrad 1904.
217 Hermann Kinder/Werner Hilgemann, dtv-Atlas Weltgeschichte, Verlagsgesellschaft, München, 2015, S. 86.
218 Stjepan Antoljak, Srednovekovna Makedonija, Misla Skopje 1985, S. 109.
219 Pavel Tulajev, Veneti, Pešić i sinovi, Belgrad, 2004, S. 104.

Henri Noel Brejlsford[220] schrieb nach dem Illyindenaufstand 1903 für unser Volk: „Sie sind ein Volk verbunden mit dem Ackerland, zusammen in eigenen Dörfern mit beschränktem Umfang der Gefühle, die gottesfürchtig sich drehen um ihre Gebirge, ihre Flüsse und ihre uralte Kirche.[221] Die Nation von Bauern, was ist mit diesen konservativen Entscheidungen,[222] die schneller werden echten Patriotismus entwickeln ... Ihre Balladen für Aufstand, in dem das Wort ‚MAKEDONIJA' erschein im jeden Refrain, beweisen sie haben Vaterland".[223]

Also, was in Makedonien im 4. Jh. v. Chr. war, blieb auch weiter im 20. Jh.

Zeus mit Eiche und Feuer (Kolede) Weihnacht, Dionysios = hl. Triphun usw.

Auf Balkanhalbinsel lebte nur ein Volk, nämlich die Pelasger, die verehrten Götter wie Zeus ...

Louis Leger[224] gibt an: „... In einer altslawischen Übersetzung der Legende über Alexander der Große, angegeben von Afanasiev, Wort Perun ist griechische Übersetzung von Zeus ..." (Der Gott Zeus wurde auf der Balkanhalbinsel verehrt, aber nicht der Name Perun usw., R.I.)

„Bei Südslawen, Serben und Bulgaren[225] war der Name Perun nie erwähnt worden."

Hermann Kinder/Werner Hilgemann[226] schreiben: „Religion: Neben den Fruchtbarkeitsgöttern (‚Vanen') Njört (identisch mit Nerthus, der Muttergöttin), Frey und Freyja ... Wo-

220 Louis Leger, La Mythologie Slave, 1901, Serbisch Belgrad 1904.
221 Henri Noel Brejlsford, Makedonija, Kultura, Skopje, 2003.
222 Wie antikische Makedonier (Diogenes) und die Sklawinier = sog. Slawen seit dem 6. Jh.: Antiker = Ethniker-gleich.
223 Die antikischen Makedonier durch Millineumen nach dem Tode Alexanders blieben gleich im 20. Jh.
224 Also, historisch für Makedonien blieb nur in Makedonien bei Makedoniern, mit Glauben und alles anderes.
225 Louis Leger, La Mythologie Slave, 1901, Serbisch Belgrad 1904.
226 Antikische = ethnikische Makedonier, aber Serbier mit Staat Serbien seit 1830 Jahr-Bulgarien seit 1908.

dan (Odin) ... Thor (Donar), der Beschützer der Bauern gegen die Riesen, und Tiwaz (Ziu, Tyr), der Kriegsgott der im Norden mit Wodan konkurriert".

„Religion: Die Quellen berichten über Götternamen und -bilder, über Tempel der Westslawen (Tempel von Arkona auf Rügen, Heiligtümer des Gottes Triglav in Stettin und des Gottes Svarožic in Rethra), von Baumkulten und Orakeln. Der Gebrauch von Amuletten und Sinnbildern lässt auf Berührungen mit den Iraniern und Turkvölkern schließen. Bekannt ist der Donner- und Blitzgott Perun (bei den Ostslawen). Höchste Gottheit der alten Slawen ist Swarog, ein alter Himmels- und Donnergott. Die Slawen im Hevelgebiet verehren Dazbag (Sonnengott) und Jarowit (Frühlingsgott). Innerhalb der Sippe werden Rod und Rozancy (Fruchtbarkeitsgötter) verehrt. Bei allen Stämmen Anbetung der Natur."[227]

Nachricht vom 30. Januar 2017:[228] „Neben den Römern gab es einen zweiten Hauptfaktor für die demographische Ausdünnung der hiesigen Kelten: die vom rechten Rheinufer herüber drängenden Germanen. Wie ihre westlichen Nachbarn bildeten sie keine einheitliche Ethnie, sondern stellten vielmehr eine lose Kulturgruppe oft bis aufs Messer verfeindeter Stämme dar. Und selbst über die vermeintliche Geschlossenheit solcher einzelnen Stammesverbände bestehen in der Forschung je nach Quellenlage berechtigte Zweifel. Grob verbindende Elemente stellten hier lediglich mehr oder weniger ausgeprägte Sprachverwandtschaften und der um Wodan (nord. Odin),[229] Freye, Donar (Thor) und Ziu (Tyr) gruppierte Götterhimmel dar. Dessen ungeachtet machten sich germanische Kulturen im 1. Jahrhundert v. Chr. auch linksrheinisch immer deutlicher bemerkbar

---

227 Hermann Kinder/Werner Hilgemann, dtv-Atlas Weltgeschichte, dtv Verlagsgesell., München, 1964, S. 109.
228 Ebenso, S. 111.
229 Institut für Pfälzische Geschichte und Volkskunde, Von Kelten, Römern und Germanen, Bezirk Verband Pfalz.

und vermischten sich mit dem keltischen Element mitunter so stark, dass eine präzise Trennung beider Völkergruppen schon den zeitgenössischen Geschichtsschreibern (z. B. Tacitus in seiner Germania)[230] ..."

Louis Leger[231] gibt an: Adam von Bremen, Gesta Hammaburgensis eclesiae pontificum, lebte in erster Hälfte des XI. Jahrhunderts, wie es gab in Kapitel XXVI, XXVII, XXVIII, über skandinavische Gottheiten: Thor, Wodan und Fricco. Man glaubt an eine gewisse Verwandtschaft des Aberglaubens der Saksonen, Slawen und Schweden ...".

Herbert George Wells[232] schreibt: „Bevölkerung ... Der mehrgöttische Glaube der alten Germanen und der Slawen war sehr ähnlich dem ursprünglichen Glauben der alten Griechen. Diese hatten einen männlichen und aufrechten Glauben, in dem spielten Tempel, Priester und Opfer sehr unbedeutende Rolle. Eigene Götter dachten sie als höheres Wesen sehr ähnlich den Menschen, wie eine Art Ältesten, die unerwartet und nach eigenem Gemüt sich in menschliche Angelegenheiten und Beziehungen mischten. Bei den Germanen entsprach Jupiter Odin, Mars ungefähr Tor, Venera wieder Göttin Fraja usw. Im Lauf des siebenten und achten Jahrhunderts wurde allmählich das Christianisieren der Heiden von germanischen und slawischen Stämmen durchgeführt" (Mars = m ars = Ares, R.I.).

„Im siebten und achten Jahrhundert begegneten wir englischen Missionären, wo sie in östlichen Gegenden des Fruschkeskönigtums wirkten. Unter diesen Missionären war der bedeutendste Hl. Bonifacius (680. bis 755.). Er war in Kridton in

---

230 V + Odin = Odin: v = w + Odin = Wodin = Wodan, nur sog. Slawisch. Makedonisch Voda, v = w, Wasser usw.
231 Es gab keine Germanen, sondern nur die Kelten. Tacitus war nur Falsifikat- Germania von Mittelalter.
232 Louis Leger, La Mythologie Slave, serbische Ausgabe Rad, Belgrad, 1904, Internet.

Devonshar geboren, er taufte Frise, Tiriner und Hessener und fand endlich den Märtyrertod in Holland".[233]

Die Götter waren gleich, aber nur mit den verschiedenen Namen. Deswegen hatten die Germanen dieselben Götter wie die sog. Slawen mit dem Barbarisch.

Olga Luković-Pjanović[234] gibt über das Begräbnis der Thraker an: „Die Begräbnisse der reichen (Leute) unter sich sind folgende: Im Lauf der drei Tage stellen den Toten aus und beitragend aller Art des Opfers, sich schmausen, vorher betrauert man (der Tote); nachher führt man Begräbnis, abbrennend oder auf andere Weise, begräbt man in Erde; anfertigend den Grabhügel, beginnt Wettkampf jeder Art, im Lauf teilt man größte Preise zu, mit Anlass, an den Siegern in einzelnen Wettkämpfe. So sind die Begräbnisse bei den Thrakern."

Diese Tradition der Thraker war wie bei den Sklawinen = sog. Slawen:

„Die Sitten der Slawen waren an Anfang barbarisch und revoltierten die Fremden, die mit ihnen kamen in Verbindung. Nach Apostel Bonifacius von VII Jahrhundert, sie waren: ‚Ekelhafteste und hässlichste von allen Rassen.' Sie lebten an älteste Weise, Bearbeitend der Erde gemeinsam, opfernd eigener zahlreichen Götter Tiere und Gefangene, abbrennend der Tote und begleitend der Begräbnisse mit den Gastmahlen und kriegerschen Spielen. Die Frauen brannten sich auf Scheiterhaufen ihrer Männer ab".(Gastmahl ... heute Makedonier,R.I.)

---

233 Ebenso, S. 361.
234 Olga Luković-Pjanović, Srbi ... narod najstariji, Dosije, Belgrad, 1990 (Ohne Seiten – durch Internet).

Die Sachsen als die Makedonier und die sog. Slawen

Nach Quellen:[235] „Die Sachsen führen ihre Abstammung von den Makedoniern aus, von Alexander dem Großem, die verließen unterworfene Länder nach dem Tode der eigenen Führer." Also hatten die Franken (Germanen und Franzosen) makedonische Abstammung.

Louis Leger[236] schreibt: „Pulkovinchronik (XIV. Jh.) ebenso wurde von Kozminchronik, vollkommen schweigt für die Glaube der ungläubigen Tschechen. Die enthält einigen genugen dunklen Alusien für Kultur der branderbuschischen Slawen: ,cum in dicta marhcia gens adhuc permixta Slavonika et Saxsonika gentilitatis ritubus deserviret et coleret ydola'. Und wenig weiter (um Jahr 1153), entdeckt er uns, in Brandenburg bestand ein Idol mit drei Köpfen, und ihm verehrten die Slawen und die Sachsen".

„Und die Biographen von Otto von Bamberg erwähnen dreiköpfigen Kult in Stetin. Diese Stadt (Ebbo, III; 1) enthält in ihrer Abgrabung drei Gebirge. Das größte, in der Mitte, war geweiht dem ungläubigen Gott Triglav ..." (Tri = drei glav = Kopf, R.I.).

„... von Historie der Franken in der Mitte des 7. Jh., bis Historie der Franken ... an Johan Tritemius von Anfang des 16. Jh., die Franken ... stammten ... von Troianern ab, die sprachen griechische Sprache, von den Troianern heißen ... ,Sikabrien, die waren Nachkommen von Überlebenden von Troia und sie nahe der Mündung von Donau angesiedelt haben ..."

---

235 Ivo Vukčević, Slovenska Germanija, Pešić i sinovi, Belgrad, 2007, Seite 445, schreibt über die germanische Völker, die Makedonier waren. Das Makedonisch war Barbarisch = Slawisch, sein Buch: Slawisches Germanien.
236 Louis Leger, La Mythologie Slave, 1901, Serbisch Belgrad 1904.

Es folgt, die Übersiedlung der Europäer war durch Täler von Wardar-Morawa-Donau ... Rhein, „die sprachen griechische Sprache", bekannt als Homerische = sog.slawische Sprache.

Nach Fredegar (7. Jh.), die Makedonier und die Franken hatten eine gemeinsame Herkunft von Prijam, nach dem Troianischen Krieg, sogar mit einer Verbindung mit Alexander der Makedonier- die Makedonier und die Franken sprachen Pelasgisch = sog.Slawisch, die war Sprache der Sklawinier seit dem 6. Jh. n. Chr. Mit Sklawinien herrschte in Makedonien Kaiser Samuil. Für Erinnerung, „Otton der Erste war König der Slawen". Das war Grund, Otto mit Samuil und ein Bruder Samuils, der unbekannt war, sprachen Sklawinisch = sog.Slawisch ...

Auch die Bibel, übersetzt von der Koine in sog. Altslawisch von Methodios, war im Gebrauch bei den Königen der Franken die Franken sprachen nur gleich wie die Makedonier.

Östlich vom Rhein war slawisch und Mähren und andere slawische Gebiete waren in der Nähe.

Die Übersetzung war im Dialekt von Solun (Saloniki) Makedonier, der verständlich war bei Mähren und Böhmen, wie der Dialekt der Sklawinier Peloponnes' in Lübeck und weiter.

Lois Leger schreibt: „Titmar (geboren 976, gestorben 1018) war Kanonik in Magdeburg, ihn sandte Kaiser Henrich II in seine Feldzüge gegen Fürst Polens Boleslaw Hrabri. Im Jahr 1009 wurde er Bischof in Merseburg. Diese Stadt, liegend an Sali, an alleiniger Grenze von Sachsland und Slawien, war von slawischer Herkunft ..."

Nach Schafarik und Surojevezky: „... Frankland ... das ebenso hieß Sachsland – dort – nach ihm (Porphirogenit) die Serben waren Boiki (Voiki), die eigentlich grenzten sich mit Sachsland". Und für Siprien Robert, „... in der Zeit von Karlo dem Großem, alles von jener Seite von Rhein, was nicht fränkisch war, war slawisch". (Östlich vom Rhein war slawisch).

Es folgt: „Die Sachsen und die Frisier nannten sich Makedonier.

Die Sachsen und die Frisier, nach offizieller Welthistorie, sind zwei verwandte germanische Stämmen, die im ersten Millennium n. Chr. besiedelten: Sachsland (heutiges Norddeutschland), Frisien (neben Ufer Hollands und Nordwest Deutschland) und die Insel Britanniens."

Nach diesem Buch, herausgegeben im Jahr 1699, glaubte man, die Sachsen und die Frisier kamen aus Indien in Europa, eigentlich stellten sie einen Teil des Heeres von Alexander dem Großen dar" (dem Makedonier, R.I.).

Autor, ebenso, redet für „Frisier mit „Friger", oder die Briger- makedonischer Stamm.

Also, Brig = Briž, Brigita = Brižita, Frig = Friž = Friz = Fris = Frisíen- Rind Rasse Frisier ...

Antikische Makedonier mit dem Sklawiniern seit dem 6. Jh. sprachen nur sog.Slawisch.

Reinhold Lange[237] gibt an: „Die Brüder hatten schon vor der Chasarenmission in Makedonien unter den dortigen Slawen missionarisch gewirkt. Die von Konstantin geschaffene Schrift, die‚Glagolitza‘, verbreitete sich wie auch seine Bibelübersetzung über alle slawischen Völker des Süden und Ostens und die‚kirchenslawische‘ Sprache wurde das Band, das sie in slawischer Sprache feiern ließ, denn sie betonte die Eigenständigkeit der slawischen Kirche gegenüber der fränkischen.[238]

Die Kirchenorganisation machte gute Fortschritte. Unterstützung fanden die Brüder beim Papst, dem es gerade recht war, dass dem politischen und kirchlichen Expansionsbestreben König Ludwigs in Mähren ein kräftiger Widerstand entgegengesetzt wurde. Konstantin und Methodios begaben sich nach Rom, um strittige Fragen zu erläutern und ihre Unternehmungen mit dem päpstischen Stuhl abzustimmen. Konstantin starb 869 in Rom, kurz nachdem er den Mönchsnamen Kyrill angenommen hatte, unter dem er später berühmt geworden war. Im selben Jahr 869 wurde Methodios von Paps Hadrian II. zum Bischof

---

237 Reinhold Lange, Imperium zwischen Morgen und Abend, Verlag Aurel Bongers Recklinghausen 1972, S. 54.
238 Oströmische Sprache war die Koine und weströmische Sprache war nur Latein-Volkssprache = sog. Slawisch.

von Sirmium geweiht, sein Bistum sollte Mähren, Pannonien und Serbien umfassen. Doch politische Ereignisse zerstören das Werk der Brüder, das allzu weit von der heimatlichen Basis entfern keine rechte Unterstützung mehr fand. 870 wurde Rastislaw von seinem Neffen Swatopolk gestürzt und an Ludwig den Deutschen ausgeliefert. Der Nachfolger des Papstes Hadrian war nicht gewillt, Methodios weiter zu unterstützen, da dieser nach wie vor an der Liturgie nach byzantinischem Ritus festhielt, zwischen Rom und Konstantinopel aber inzwischen der offene Kirchenkampf ausgebrochen war. Vorübergehend wurde der greise Missionar sogar gefangengesetzt, und nach seinem Tode 885 brach sein Lebenswerk endgültig zusammen. Ein Teil seiner Mitarbeiter wurde ausgewiesen, die Mehrzahl aber an venezianische Sklavenhändler verkauft. Die Kirche von Mähren unterstellte sich dem Papst."

In Makedonien waren Brsjaken – Wikipedia: Bersiten in Europa. Geographus Bavarus im 9 Jh. bemerkte Berziten/Verziten wie Verezeten, die im heutigen Ostdeutschland lebten. Westtschechen und Südostpolen, zwischen Städte Baucen-Euphrat-Praga-Krakow usw.

Die Ansiedlung war Richtung Wardar-Morawa-Donau ... Rhein ... durch Europa usw.

Die Slawen waren nur Sklawinier von Sklawinen, und Sklawa = Gebiet. Im 15 Jh. waren Dialekte ähnlich in Makedonien und weiter mit Mähren und lübeckischen Slawen.

G. Weigand[239] gibt an: „Im oströmischen Reiche ... Die Landschaften von Sparta und Elis waren Jahrhunderte hindurch von Slawen besiedelt und noch im 13. Jahrhundert mussten die fränkischen Feudalen mit diesen Slawen kämpfen, um ihre Herrschaft zu festigen."

Also sklawinische = sog. slawische Sprache war nur eine: das Barbarische der Pelasger.

---

239 Gustav Weigand, Ethnographie von Makedonien,
    Friedrich Brandstetter, Leipzig, 1924, S. 10.

Max Vasmer[240] gibt an: „Schließlich ist noch als Zeugnis aus dem 15. Jahrhundert für Das Fortleben der Slaven am Taygetos eine Stelle aus der Schilderung einer Reise des Laskaris Kananos nach Deutschland und den nördlichen Ländern zu erwähnen, deren Entstehung von Vasiljev (Buzeskul-Festschrift S. 397ff.) in die Jahre 1412–1418 gesetzt wird. Der Grieche schildert dort auch die Umgebung von Lübeck und nennt jenes Land Cθλαβουνια. Er fügt dann eine Bemerkung über die Verwandtschaft der lübeckischen Slaven mit den Zygoten im Peloponnes hinzu: ἀπ᾿ αὐτῆς τῆς ἐπαρχίος ὑπάρχουν οἱ Ζυγῶται αἱ οἱ ἐν Πελοποννήσῳ᾿ ἐπεί ἐκεῖσε ὑπάρχουν πλεῖστα χωρία, ἄτινα διαλέγονται τὴν γλῶσσαν τῶν Ζυγιωτῶν. Vgl. Vasiljev a.a. 399 …"[241]

Auch im 15. Jahrhundert sprach man nur die pelasgische = sog. slavische Sprache.

Also, in Hellas mit Peloponnes sprach man schon im 15. Jh. nur das Slawische.

Die Slawen (Polytheisten) östlich vom Flus Rhein christianisierte Bonifatius (8. Jh.).

Hermann Kinder/Werner Hilgemann[242] schreiben: „Urheimat **der Slawen** (Slovene von Slovo = das Wort), eines Hauptzweiges der indogerm. Völkerfamilie, ist das Gebiet der Pripet-Sümpfe. Später umfasst das von Slawen besiedelte Gebiet Teile Polens, Weißrusslands und der Ukraine. In den ersten Jahrhunderten ist die Geschichte der Slawen verknüpft mit den Germanen (Goten), Hunnen, Alanen und Turkvölker, mit denen die Slawen sehr oft eine für alle Völker fruchtbare Lebensgemeinschaft (= Symbiose) eingehen. Von PLINIUS D. Ä., von TACITUS und dem Geographen PTOLOMAIOS werden sie als Venedi oder Veneti (den Deutschen als Wenden bekannt) bezeichnet, seit dem 6. Jh.

240 Max Vasmer, Die Slaven in Griechenland, Verlag der Akademie der Wissenschaften, Berlin,1941, S. 18.
241 Risto Ivanovski, „Oströmisches Reich (Byzanz im 16. Jahrhundert)", Bitola- R.Makedonija, 2018.
242 Hermann Kinder/Werner Hilgemann, dtv Verlagsgesellschaft mbH Co. KG, München, 1964, S. 111.

sprechen die byzant. Schriftsteller (PROKOPIUS und JORDA-NES) von den Sklavenoi, die zuerst an der unteren Donau, dann auch in den Ostalpen ansässig sind. Ab 600 siedeln slaw. Völker (Aboriten, Sorben, Veneter und Pomoranen) östl. der Elbe in die von den Germanen verlassenen Gebiete. Geschichtlich greifbar werden sie, wie die Tschechen, erst in der Karolingszeit (805 Errichtung der ‚Limes Sorabicus‘ durch Karl des Großen = Linie der östlichsten fränk. Markorte)."

In Europa lebten Veneten, Sklavenoi = Sklawenei = Sklawinier. Und solche waren auch Sorbiten. Alle sie waren nur sog. Slawen. Aber die Slawen waren nur nach Slovo = Buchstabe nur von Konstatin Philosoph, seit dem 9. Jh. Sog. Slawen waren Polytheisten – sie katholisierte Bonifatius. Sie lebten östlich von Fluss Rhein. Also die Franken waren nur eines: Christen.

„**Religion:** Die Quellen berichten über Götternamen und -bilder, über Tempel der Westslawen (Tempel von Arkona auf Rügen, Heiligtümer des Gottes TRIGLAW in Stettin und des Gottes SVAROŽIC in Rethra), von Baumkulten und Orakeln. Der Gebrauch von Amuletten und Sinnbildern lässt auf Berührung mit den Iraniern und Turkvölkern schließen. Bekannt ist der Donner- und Blitzgott PERUN (bei den Ostslawen).[243] Höchste Gottheit der alten Slawen ist SVAROG, ein alter Himmels- und Donnergott. Die Slawen im Havelgebiet verehren DAZBOG (Sonnengott) und JAROWIT (Frühlingsgott). Innerhalb der Sippe werden ROD und ROZANICY (Fruchtbarkeitsgötter) verehrt. Bei allen Stämmen Anbetung der Natur."

Da die slawischen Götter auch Ägypter, Perser etc. hatten, waren die Slawen kein Volk unterschiedlich von den Europäern, die stammten von Ostmittelmeerraum-Balkanhalbinseln ...

---

243 PERUN war bei sog. Ostslawen, aber nicht bei sog. Südslawen mit Zaus-Perun in Asien, auch mit PERU ...

Ansiedelungen und Sprache(n) Europas

Eberhard Zangger[244] schreibt: „Wenn wir ... Da sich um 3000 v. u. Z. schnell ausbreitende Verwendung von Bronze, einer Legierung aus Kupfer und bis zu zehn Prozent Zinn, revolutionierte die Werkung und Waffenherstellung und läutete damit das Ende der Steinzeit ein ... Um ausreichend Holzkohle für die geschätzte Gesamtproduktion von 200000 Tonnen Kupfer auf Zypern zu liefern, muss die gesamte Insel in den vergangenen 5000 Jahren mindestens 16-mal vollständig entwaldet worden sein."

„Die Kontrolle des Warenverkehrs ... Mit großer Wahrscheinlichkeit kann man sagen, dass Kupfer auf Zypern, in Slowenien, in Nordanatolien und im Sinai gewonnen wurde, während Gold wohl vor allem aus Nubien und Georgien stammte. Woher das für die Bronzeherstellung notwendige Zinn kam, kann man nur erraten: Böhmen und Nordafghanistan sind zwei Möglichkeiten, aber auch Rohstoffquellen in Anatolien werden diskutiert.[245]

Wenn man bedenkt, dass Nordostanatolien besonders ergiebige Kupferminen besitzt, die auch schon in prähistorischer Zeit genutzt wurden, und dass Zinn möglicherweise aus Böhmen donauabwärts zum Schwarzen Meer in der Ägäis aus Troia stammen, wären doch genau dort die Handelsroute für die beiden Rohstoffe Kupfer mit dem Donaugebiet und Mitteleuropa in Verbindung stand, deutet zum Beispiel der Fund einer ‚kyprischen Schleifennadel' aus Elektron von Hisarlik Iih hin. Diese Nadeln kommen vor allem in Mitteleuropa vor, wurden aber auch vereinzelt im Iran und in Ägypten gefunden."

„Im 7. Jahrtausend suchten neue Siedlungsgruppen das Land auf, die Ackerbau und Viehzucht ebenso wie neuartige Werk-

---

244 Eberhard Zangger, Ein neuer Kampf um Troia, Droemer Knaur, München 1994, S. 102.
245 Ebenso, S. 104.

zeuge mit sich brachten ... Um 3000 v. u. Z. kam es zu einem zunächst kaum spürbaren Wechsel von Jungsteinzeit zur Bronzezeit; in der Ägäis, in Anatolien und Ägypten tauchte die erste Zinnbronze auf ...“[246]

„Während Ägypten ... Kupfer könnte mit im Spiel gewesen sein, denn es wurde in großen Mengen benötigt und war für die Ausrüstung der Armeen unentbehrlich. Ein Rückgang der Kupferproduktion hätte Troia zusätzliche Macht beschert, da die Stadt mit dem Hellespont auch den Zugang zu den Rohstoffquellen um das Schwarze Meer kontrollierte. Der Archäometallurgieexperte James Muhly hält allerdings fest, dass Zypern als Hauptkupferlieferant am Ende der Bronzezeit keineswegs weniger Erz als zuvor förderte, sondern eher mehr. Muhly hat aber bereits vor Jahren darauf hingewiesen, dass die Qualität des Kupfers am Ende der Bronzezeit rapide abnahm. Bis dahin war fast nur sehr reines Kupfer verarbeitet worden, das aus Oxid-Lagerstätten stammen musste. Ende des 13. Jh. verarbeiteten die Schmiede auch unreines, sulfisches Kupfer, und dieses kommt in der Tat auf Zypern in großen Mengen vor.“[247]

Andreas K. Heyne[248] schreibt: „Eine Reihe eindrucksvoller Entdeckungsreisen verstärkte die Handelsmacht. Um 450 v.Chr. fuhr Himilko an der Atlantikküste der Iberischen Halbinsel und Galliens entlang bis zu den Britannischen Inseln – auf diesem Weg gelangte das begehrte Zinn ins Mittelmeergebiet. Noch spektakulärer war die Reise Hannos die Westküste Afrikas entlang. Über diese Reise, die bis in die Gegend des heutigen Staates Sierra Leone oder sogar nach Kamerun führte, sind mehrere spannende Berichte erhalten. Leider ist deren Glaubenwürdigkeit oft zweifelhaft, denn die Karthager hatten wenig Interesse daran, eventuellen Konkurrenten über Ankerplätze, Strömungen und Windrichtungen aufzuklären.“

---

246 Ebenso, S. 154.
247 Ebenso, S. 216.
248 Andreas K. Heyne, Wenig bekannte Hochkulturen, Editiones Roche, Basel, 1993, S. 171.

Also wurde Europa nur für Erze, besonders wegen Zinn, angesiedelt.

Horst Klien[249] gibt an: „Kelte ... Angehöriger einer indoeuropäischen Völkergruppe"; „Kelt ... urgeschichtl. Beil". Also, die Kelter waren Leute, die mit Beilen Wälder vernichteten, um mit Ackerbau anzufangen, Ackerbauer zu werden, Land zu ackern, als Landwirte zu leben usw.

Herodot schrieb nur für Kelter. Der Name German war thrakisch (G. Weigand – 1924) und ein slawischer Gott German. In Makedonien findet man den geographischen Namen German usw.

In Friedrich Lübkers Reallexikon[250] steht: „Kelten (Κελτί, Γαλτι, Galli: Namen in der späteren Antike differenziert [s. Rhys, Proceed. Brit. Acad. 2, 1905/06, 125ff.]; wichtige Charakteristiken u. dgl. S. Poyb. 2, 17; Cato fr. 34 [s. dazu Mommsen RG. 3, 229], s. Holder 1, 1896, 888f., 1522f. Vgl. d'Arbois de Jubainville, Principaux auteurs de l'antiquitè à consulter sur l'historie des Celles 1902), indogermanischer Stamm (künstlerische Darstellung s. u. Gallia), der Antike zuerst im 5. Jahr. Bekannt (Hecat. Mil. frg. 19, 21; Herod 2, 33; 4, 49; Avien. ora. mar. 333) und da wohnhaft etwa in Süddeutschland (vgl. Fabricius, Besitzergreifung Badens durch die Römer 1905 pass) bis nach Österreich hinein, in Norddeutschland bis an den Harz und die Weser und nach Frankreich hinein ..."

Statt Kelten schreiben Autoren Germanen. Aber German war ein thrakischer Name und slawischer Gott German. Mit dem Name German Makedonien ist voll, auch Vorname/Name.

Hermann Kinder/Werner Hilgemann[251] schreiben: „**Die Germanen**, zur indogerm. Sprachfamilie gehörend, entstehen am Ende der jüngeren Steinzeit aus Trägern der nach Westen

249 Horst Klien, Der Große Duden, VEB BIBLIIOGRAPHISCHES INSTITUT; LEIPZIG, 1971, S. 232.
250 Friedrich Lübkers Reallexikon, Druck und Verlag von B.G. Teubner, Leipzig-Berlin 1914, S. 544.
251 Hermann Kinder/Werner Hilgemann, dtv Verlagsgesellschaft mbH Co. KG, München, 1964, S. 109.

vorstoßenden Megalithkultur, der Trichterbecher – und Schnur-
keramik – bzw. Streitaxtkultur. Sie bewohnen Südskadinawien,
Dänemark und Schleswig. Der Begriff ‚Germanen' wird zuerst
von POSEIDONIOS erwähnt (um 90 v. Chr.) und von CAESAR
in die röm. Literatur eingeführt. Wichtige Aufschlüsse über
die Germanen vermitteln PLINIUS D. Ä. (gest. 79 n. Chr.) in
seiner ‚Naturalis Historia', TACITUS in seiner ‚Germania' (98 n.
Chr.) und die Weltgeographie des Griechen PTOLEMAIOS[252] ...“

Hermann Kinder/Werner Hilgemann[253] geben an: **„Religion:** Neben den Fruchtbarkeitsgöttern (‚Vanen') NJÖRD (identisch mit NERTHUS, der Muttergöttin), FREY und FREYJA ...
Gewöhnlich werden ... Götter genannt: **Wodan** (Odin).[254] To-
tengeleiteter und Herr des Zaubers, später Kriegsgott, dessen
ekstatischer Kult auf die Herkunft aus Osten (Reiten auf dem
Pferd) weist; **Thor** (DONAR), der Beschützer der Bauern gegen
die Riesen, und **Tivaz** (Ziu, Tyr), der Kriegsgott, der im Norden
mit WODAN konkurrierte. Die Götter werden in Kultfesten gefeiert, die periodisch vom Stamm oder nach siegreich beendeten
Kriegen in bestimmten **Kulturbezirken** veranstaltet wurden.
Schlachtung von Opfertieren und gemeinsames Kultmahl mit
Gesängen und Tänzen. Die Kultbezirke sind heilige **Haine**, Berge und Plätze an heiligen Bäumen, Quellen ujnd Steinen. Daneben gibt es **Tempel** mit Idolen aus Holz oder Metall, später
unter fremdem Einfluss auch Götterbilder. Durch **Orakel** wird
der Wille der Götter erforscht. Politisches Amt und Kultamt liegen in einer Hand: kein Priestertum.“

Man darf nicht vergessen, dass mit dem letzten König Per-
seus der Makedonier 150.000 Sklaven nach Rom gebracht wurden sind; makedonischer Reichtum und die Bibliothek ...

---

252 Ptolemais war nur Makedonier von Palagonia, Stein von Rosette-
    Ägypten mit Dialekt Bitola- R. Makedonien.
253 Hermann Kinder/Werner Hilgemann, dtv Verlagsgesellschaft
    mbH Co. KG, München, 1964, S. 109.
254 Wodan = w(v) odan, wodan = woden = waßerlich; Wodin = w(v)
    odin. Also, auch waßerlich – das Gleiche.

Nach Pavel Tulajev,[255] im. Jh. um 150.000 Reiter und Fuß-
gänger migrierten aus Thrakien in Region Dnepr Rußland, bestätigt mit hunderten Särge von römischen Legionären"

Otto Zierer[256] schreibt: „Die Goten, die nun aus ihren dalma-
tischen Wohnsitzen aufbrechen ... Wo die wandernden Scharen
auftauchen, schließen sich ihrem Troß der Mob der römischen
Städte, abgebrannte Kolonisten, vertriebene Bauern und ent-
laufende Sklaven; den 80.000 Kriegern folgt ein Mehrfaches an
Gefangenen, Frauen, Kindern und Knechten."

Auf einen Soldaten kamen fünf bis zehn Gefangene. Letzte
Übersiedlung war mit Imperator Iustinianus.

Übersiedlung war nur mit dem Rind, das balkanisch war v
DNS der Wikinger balkanisch.

Als Beitrag Makedoniens Geschichte, ein Blog, mit dem Titel:

„Die Sachsen sind Nachfahren der Makedonen? Septem-
ber 26, 2018

Viele Sagen und Legenden begleiten die Makedonen unter
Alexander des Großen auch heute noch. Aber schon im Mittelalter gab es verstärkt Legenden um Alexanders Armee. So sind
laut Aussagen einiger Autoren, die Sachsen Nachfahren von
makedonischen Kriegern Alexanders des Großen. Dabei ging
es wohl viel mehr darum, sich mit dem Ruhm Alexanders zu
schmücken als um reale Geschichtspolitik.

Laut der von Widukind von Corvey (um 925 oder 933/35;
† 3. Februar nach 973 in Corvey) überlieferten Herkunftssage
des germanischen Volksstammes der Sachsen stammten diese
von makedonischen Kriegern Alexanders des Großen ab, die
nach dessen Tod über das Meer reisend an der Küste des Landes Hadeln gelandet seien. Von dort hätten sie und ihre Nachkommen, eben die Sachsen, die im heute niedersächsischen

---

255 Pavel Tulajev, Veneti, Pešić i sinovi, Belgrad 2004, S. 101.
256 Otto Zierer, Große illustrierte Weltgeschichte, Sieg des Kreuzes,
    Herbig, München 1983, S. 201.

Raum siedelnden Thüringer verdrängt und deren Land in Besitz genommen.

Diese Sage fand auch Eingang in das Annolied und in den Sachsenspiegel des Eike von Repgow (zwischen 1180 und 1190 in Repgow; † nach 1233). Nach Repgow waren die Makedonen nach dem Tod ihres Königs auf 300 Schiffen von Babylon aus in See gegangen, von denen 18 nach Preußen, 12 nach Rügen und 24 nach Holstein gelangt seien.

Johannes Hartlieb, auch Hans Hartlieb genannt (* um 1400; † 18. Mai 1468 in München), schrieb in seinem populären Volksbuch von Alexander von einer Verwandtschaft mit den Diadochen, so sei Ptolemäus über ‚Reußen, Littau und Preußen' nach Sachsen gelangt und wurde so zu ihrem Stammvater."

Ivo Vukčević[257] gibt an: „Andere germanische Völker auch behaupteten sie haben ungermanische Wurzeln. Die Sachsen führten ihre Abstammung von Makedonien aus, von Alexander der Große und überlebende Krieger Alexanders der Große, die verließen unterwürfige Länder nach Tod des eigenem Führers. Nach anderer genealogischer Linie, die Schwaben ebenso behaupteten, sie sind makedonischer Herkunft. Die Bavaren, die Söhne Bavariuses, migrierten aus Ermenien nach der großen Sintflut."

Im Werk der Historie des kleinen Bretagnes, M.F.B.G Manet,[258] erklärt die Herkunft der Einwohner von Bretagner, Britanner, Englender – die Kelten von Gallien stammten von Brigien, verbunden mit Alexander der Makedonier und Pompeus usw. („Brigien", R.I.)

Mit Abstammung des Dudelsacks kann man die Herkunft der Makedonier und ihre Skoten: Herkunft der Sackpfeife: Indien gilt als Usprungsland des Dudelsacks. Später tauchte die Sackpfeife dann auch im alten Ägypten auf. Im alten Rom wurde der Du-

257 Ivo Vukčević, Slovenska Germanija, Pešić i sinovi, Belgrad, 2007, S. 445.
258 L' Histoirie de la Petite-Bretagne ou Bretagne- Armorique, Saint-Malo, 1834.

delsack zum ersten Mal im Jahr 54 erwähnt. Der römische Historiker Sueton überlieferte in einer seiner Schrift, dass er dem römischen Kaiser Nero den Dudelsack als „utricularius" präsentiert habe. Im Mittelalter begann dann die rasante Verbreitung des Dudelsacks in ganz Europa. Die ältesten Belege aus dieser Zeit stammen aus dem 8. oder 9. Jahrhundert und sind durch Urkunde aus dem Kloster St. Blasien belegt worden. Die Herkunft des Wortes „Dudel" ist in der Türkei beheimatet. Das Wort „duduk", welches übersetzt „Flöte" bedeutet, stellt den Ursprung des Wortes Dudelsack dar. Dazu soll man zugeben: Türkei war nur phrygisch von Phrygern, die die Briger waren (Herodot). Nach Stephan von Byzanz, die Briger waren makedonischer Stamm.

Skote, von Begriff skot = s kot(i), der ist bis heute makedonisch, aber nicht skotisch. Ähnlich war Dudelsack. Den macht man von Schafhaut. Balkanisches Schaf (Pramenka) war von alter Ära, von der macht man makedonischen Dudelsack. Solchen hatte Ptolomäer, Vater der Kleopatra. Damals gab es keine Skoten, sondern in neuer Ära ... Skotische Volkstracht war sommerische kriegische Tracht der antikischen Makedonier, was heute sieht man makedonische Tanzgruppen ... In Pelagonija, wie z. B. Dorf Kukurečani-Bitola ..., R.Makedonien tragen keine Hose auch nach 2/2 20. Jahrhundert, aber mit Strümpfen ... und mit Dudelsack. Skoten haben nur makedonischem Rhythmus 7/8 – 100 % – in Makedonien mit dem besten Takt 7/8.

Dudelsack in Schottland mit 5 Tönen (nur unentwickelt) in Makedonien 9 Tönen.

Auch Edinburg = edin burg:edin = einzig;Burg = bulg = bolg = volg = Volk = Polk bis Polka ...

Das war mit dem Makedonier verbunden. Also, mit den Alexander der Makedonier.[259]

---

259 Schottland. (Schotte = Skote von skot = Vieh, Bestie, Brut ... makedonisch. Skoten haben makedonische Traditionen [Kleidung ... Socke ... Dudelsack ... makedonischer Rhythmus 7/8 ...] Alexander von Makedonien ...

Geschlechter Name war Gordion von Makedonien. Brigen siedelten von Makedonien nach Kleinasienan an, gründeten auch Phrigien, b = f = ph:Gordion(= gord i on) und gord = Stolz.

Risto Ivanovski[260] schreibt: „Nach Olga Luković-Pjanović, ‚Serbisch ist nahe an sanskritischer Sprache, mit der bestätigt man, 3000 Wörter von Zeit der ‚Rg-Veda', und bis heute sind weder nach Form noch nach Sinn ohne Änderung. Etrusker verstehen sich mit serbischer Sprache, und ‚können wenigstens 30 bis 40 % gemeinsames lexikalisches Gut mit baskischer Sprache zu haben'. Serbische Sprache an Vuk Karadžić war Sprache des Kyrillos von Solun (Saloniki, R.I.), in der wurde und herzegovischen Dialekt, sogar und siebter Kasus, und die Sprache war noch germanisiert. Damit kann man bestätigen, angegebene Wörter waren von makedonischem Dialekt. Ilija Čašule gibt an: ‚Algemeinen handelt sich um ein breites Problem. Formulierung wie Olga Luković-Pjanović schreibt, daß Basken sprechen serbisch', Slaveska stellte mehr Änhlickeiten … nach ethimologischer Analyse fest …

Ilja Čašule für Hunza schreibt. Mehr von 60 % von Wörtern gehören an sogenanntes kerniges Lexikon: Teile von Körper, Termine für Verwandtschaft, von Gebiet der Landwirtschaft und Tierzucht, Grundverbe. Sprache, die reden um 50.000 Menschen in Nordostpakistan, in drei Gebiete: Hunza, Nagara, Jasin, auf drei Scheiden zwischen blautibetanischen, indoeuropäischen und altaischen sprachlichen Familien. Die war von baltoslawische sprachliche Gruppe.

Herman Berger in 1935 Jahr gibt an, die Sprache war buruschanische Sprache. Nach der Sprachmelodie ähnelt die Sprache dem Baskischen, die aber hatte den Akzent auf der dritten Silbe von rechts nach links wie bei dermakedonischen Sprache. Olga Luković-Pjanović sagt, Basken sprachen wie die Veleser, einsetzend Termin der These des Cviićes von 1937 Jahr, archais-

---

260 Risto Ivanovski, Atlantida-falsifikat na Solon i Platon, Bitola, 2006, S. 95.

tischste Wörte gab es in Umgebung an Veles (R.Makedonien). Berger schließt die Möglichkeit einer Ähnlichkeit der Sprache mit Griechisch aus. Da die griechische Sprache der Hunsa nicht ähnlich mit Griechisch war, und Hunzer Nachfolger der Krieger des Alexanders von Makedonien waren, bestätigt man, dass ihre homersche Sprache nicht semitisiert war. Also, die war nicht koinisiert worden."

Die Häuser ... Traditionen ... Trachten ... Musik, Instrumente waren brigisch-makedonisch.

Bei den Buruschanern ist Symbol Gott Ares-Symbol Ares ist in Brigien Pelagonija und westlich in R.Makedonien. Auch bei Peoniern – Sie sprachen Slawisch (Arnold J.Toynbee)

Risto Ivanovski[261] schreibt: „Nach Olga Luković-Pjanović ist Serbisch nahe an der sanskritischen Sprache, mit der bestätigt man, 3.000 Wörter von Zeit der ‚Rg-Veda', und bis heute sind weder nach Form noch nach Sinn ohne Änderung. Etrusker verstehen sich mit serbischer Sprache, und „können wenigstens 30 bis 40 % gemeinsames lexikalisches Gut mit baskischer Sprache haben ..."

Herman Berger gibt 1935 an, dass die Sprache eine buruschanische Sprache war. Nach der Melodie ähnelt die Sprache dem Baskischen, die aber hatte den Akzent auf der dritten Silbe von rechts nach links wie bei der makedonischen Sprache. Olga Luković-Pjanović sagt, Basken sprachen wie die Veleser, einsetzend Termin der These des Cviićes von 1937 Jahr, archaistischste Wörte gab es in Umgebung an Veles (R. Makedonien) ...".

Bosnić schreibt[262]: „Bischof Diego de Lande, der lebte im 16. Jahrhundert und war Hauptchroniker für ungewönliche Tra-

---

261 Risto Ivanovski, Atlantida-falsifikat na Solon i Platon, Bitola, 2006, S. 95.
262 Risto Ivanovski, Atlantida-falsifikat na Solon i Platon, Bitola, 2006, S. 95.

ditionen der Mayen, merkte an, viele baskische Wörter haben gleiche oder ähnliche Bedeutung und bei Mayen.

Ein Baske – bemerkte Bischof Diego de Lande – konnte sich schon mit Angehörigen dieses sonderbaren Volkes zu verstehen ...“.

Es kann festgestellt werden, die Makedonier, Basken und Mayen hatten die gleiche Sprache.[263]

Majkl Bejdžent, Ričard Li und Henri Linkoln[264] schreiben: „... Merowinge ... vor christlicher Ära, siedelten sich neben Donau, nachher auch neben Rhein und siedelten sich in heutigem Westdeutschland an.“

Hanns Joachim Friedrichs[265] gibt an: „Im Jahre 482 übernimmt Chlodwig, fränkischer König aus dem Geschlecht der Merowinger, von sinem Vater Childerich I. die Herrschaft über die salischen Franken um Tournai in Nordgallien. Er einigt die Frankenstämme durch brutale Beseitigung der Gaukönige. Der fränkische Siedlungsraum erstreckt sich etwa von der Rheinmündung im Norden, der Kanalküste im Westen bis nach Straßburg, beherrscht den Mittelrhein und das Maingebiet.“

Hermann Kinder/Werner Hilgemann[266] geben an: „**1. Die dän. Wikinger (das große Heer)** plündern alljährlich die stromnahen Städte des Frankreiches, unternehmen Raubzüge nach Asturien und Portugal (844), nach den Balearen, in die Provence und die Toskana (859–862) und unterwerfen nach ihrer Rückkehr in England Nordhumberland und East Anglia ...“

2. Die norw. Wikinger besetzen im 8. Jh. die Shetland- und Orkney-Inseln, dann die Färöer, Hebriden und Irland ...

---

263 Risto Ivanovski, Atlantida-falsifikat na Solon i Platon, Bitola, 2006, S. 95.

264 Risto Ivanovski, Atlantida-falsifikat na Solon i Platon, Bitola, 2006, S. 95.

265 Ebenso, S. 95.

266 Risto Ivanovski, Atlantida-falsifikat na Solon i Platon, Bitola, 2006, S. 95.

3. Die schwed. Wikinger unternehmen Züge in den osteurop. Raum. von slaw. und finn. Stämmen gerufen, kommen sie unter RURIK in den Raum von Nowgorod (S. 133).

Um 1000 Christianisierung und Sesshaftwerden der Wikinger."

Es gab keine slawischen Stämme/Völker, sondern nur Polytheiste zu christianisieren.

„Die Zeit der Waräger[267] Das Russische Reich entsteht durch die ‚**Berufung der (schwed.) Waräger**' (RURIK), die von slaw. und finn. Stämmen ins Land geholt werden und inmitten slaw. Gebiete Herrschaften erreichen. Unter RURIK wird die Einigung von Nowgorod aus über Nordrussland vollzogen. Zwei Gefolgsleute RURIK."

Die Slawen waren Christen nach Slovo = Slowo = Buchstabe von Konstantin Philosoph.

„858 ASKOLD und DIR gelangen auf dem Weg,von den Warägen zu den Griechen' nach Kiew. 860 wird ihr erster Angriff auf Konstantinopel abgeschlagen."

Die Russen erklärten sich erstmal Slawen von Slovo nur 860 Jahr (Patriarch Photios)

„882 Oleg der Weise [879 – 912] vereinigt den Norden (Nowgorod) nur mit dem Süden (Kiew); Kiew wird Hauptstadt des russ. Staates, der durch nomadischen Einfälle im südöstl. Steppengebiet gefährdet ist. **Das Reich von Kiew** 944 IGOR [912 – 945] schließt nach einem erfolglosen Angriff auf Konstantinopel einen Handelsvetrag mit Byzanz und öffnet das Reich für christl. Einflüsse. 957 Taufe seiner Witwe OLGA."

Man redet nur über Christianisieren mit Slovo und Slovo = Buchstabe des Gottes.

Professor von Dänemark Eske Willerslev untersuchte mit seinen Mitarbeitern von Universität Kopenhagen DNS von 442 Skeletten der Wikinger. Die Ergebnisse zeigten, sie waren slawisch mit Genen aus Balkanhalbinsel. Hier Zugabe: Hörner als

---

267 Ebenso, S. 392.

Symbol der Wikinger waren von balkanischem Rind. Rind, Pferd und andere Haustiere Europas waren balkanisch.

Herbert George Wells[268] schreibt: „Im Lauf der Zeit ... Die Wikinger ... In ihren Gedichten spielten eine große Rolle irgendeine legendäre große und reiche Stadt an Süd, irgendeine Art der Mischung zwischen Rom und Konstantinopel. Die Stadt in Liede der Wikinger nannte ‚Miklagard' (‚Michailhof'). Die legendarische Miklagard mit magnetischer Kraft zog alle neuen Nachkommen der Normannen nach Mittelmeer und das wie bare Meerweg, nach West, so und mit dem Weg über Baltikmeer in Rußland. Über die Feldzüge werden wir noch sprechen. Mit Weg durch Rußland stießen sie später und Schweden, Nachkommen der Normannen."

„Für das Leben des Karls des Großen ... In Ansicht der Rasse und gesellschaftlichen Beziehungen gab es kleine Unterschiede zwischen Englen, Saksonen, Jiten, Dänen und Normannen ..."[269]

„Nu an Mittelmeer ... Nach der Unterwerfung Englands von Normannen im Jahr 1066 wurden aus England große Zahl angesehener Dänen und Anglosaksonen verbannt. Diese Verbannten gingen zu russischen Warjagen und es schien an, sie haben sich schnell und leicht in die Sicht der Sprache und der Sitte angepasst."[270]

Also, alle Erwähnten waren nur ein Volk mit einer Sprache und mit gleicher Sitte.

Otto Zierer[271] schreibt: „Auf ihre verlassenen Felder in den Grenzprovinzen ergießt sich ein ständiger Strom wandernder

268 Risto Ivanovski, Die Makedonier, Basken und Mayen mit gleicher Sprache, Bitola, 2018, DNB.

269 Majkl Bejdžent, Ričard Li, Henri Linkoln, Sveta krv, Sveti gral, Metaphysica, Belgrad 2005, S. 169.

270 Hanns Joachim Friedrichs, Welt Geschichte eine Chronik Naturalis Verlag, München, S. 86.

271 Hermann Kinder/Werner Hilgemann, dtv Verlagsgesellschaft mbH Co. KG, München, 1964, S. 131.

Barbaren, vornehmlich Germanen, Kelten, Belgen und Briten, die aus ihren Wald- und Bergländern in kultivierte Gebiete drängen.

Also, die Germanen waren nur die Goten, die waren durch ganzes Europa usw.

Nach Hugh Seton-Watson,[272] „Andere Unterschiede ... Solche waren die Stämme, die die Römer antrafen in Gallien und Germanien (es bestand kein gallisches oder germanisches Volk)." Also, es gab kein gallisches und germanisches Volk – die Germanen waren unbekannt.

Hermann Kinder/Werner Hilgemann[273] geben an: „**Literatur:** ... Der größte Historiker der Zeit ist Cornelius Tacitus (55?-117?), der als wirkungsvoller Erzähler und analytischer Psychologe die große Persönlichkeit in den Mittelpunkt seiner Werke stellt (Vorbild ist SALLUST):‚Historiae', ‚Anales', ‚Germania' ..."

Es gab keine Germanen, sondern nur die Kelten. Tacitus war Falsifikat: für Tacitus erster, der zweifelte für bestehen Tacitus, war Voltaire, während Hartius schon 1709 behauptete, „das Germanien" entstand im Mittelalter. Jede historische Literatur erwähnte nur die Kaiser von heiligem Römerreich der deutschen Nation, damit soll man bemerken, daß die Benennung Rex Germaniae wurde erst von Maximilian I 1508. Jahr. angenommen (L.G.Gaise). Im 18. Jh. zweifelten viele die Originalität von Germanien an, wie war Bekker von Razenburg, während Grimm und Ebel behaupteten, das hatten Mönche nach Befehl von Fridirich II geschrieben usw. Damit ist bestätigt, daß Alexander der Makedonier ... Kleopatra ... kannten keine Germanen – nur Kelten ...". Also, Tacit war nur seit dem 18. Jh.

Erwin Angermayer[274] ... führen auf: „Katherina II., 2.V.1729–17.XI.1796.

---

272 Ebenso, S. 333.

273 Herbert George Wells, Istorija sveta, Narodno delo, Belgrad, 1929, S. 362.

274 Ebenso, S. 363.

Am 2. Mai 172 wurde in Stettin Prinzessin Sophie von Anhalt-Serbst geboren. Sie wuchs auf als eine der vielen Duodez-Prinzessinen, an denen Deutschland damals reich war. Das entscheidende Ereignis ihres Lebens wurde das Angebot der Kaiserin Elisabeth von Rußland, Sophie mit dem russischen Thronfolger zu vermählen. Aus der fünfzehnjährigen deutschen Prinzessin wurde die Großfürstin Katharina Alexjewna. Nach dem Tode der Zarin Elisabeth bestieg Katharinas Gemahl Peter für kurze Zeit den Thron. Schon bald erwies sich seine politische Unfähigkeit, und die ehrgeizige Katharina hatte wenig Mühe, ihn im Bündnis mit einflussreichen Petersburger Kreisen vom Thron zu stoßen. Mit 33 Jahren war die ehemalige deutsche Prinzessin Alleinherrscherin über das russische Reich. Imponierend ruhig und überlegen meisterte Katharina alle Schwierigkeiten, die sich ihr engegenstellten. Zunächst musste sich die Zarin Sicherheit im Inneren verschaffen. Dabei erwies sich ihre Anpassungsfähigkeit an die russische Mentalität von Vorteil. Katharina hat sich in der Behandlung dieser oft so rätselhaften Volkseele niemals verrgriffen. Die Gouvernements-Verfassung wurde geschaffen und die Versuch unternommem, die Lage der Bauern zu bessern. Dieser Versuch schlug fehl, da der Adel, dessen wirtschaftliche Interessen gefährdet waren, sich mit allen Mitteln gegen eine Bauernbefreiung zur Wehr setzte. Bessere Erfolge errang Katharina auf außerpolitischem Gebiet. Mit einer geschickt geleiteten Marktpolitik gelang es ihr, das Gebiet Rußlands nach Westen und Süden bedeutend aufzuwerten. Unter ihrer Regierung stieg die Zahl der Einwohner Rußlands von 20 Millionen auf 36 Millionen. Entscheidend für ihren Erfolg war der für eine Frau ungewöhnlich ausgeprägte politische Verstand. Es ist bezeichnend, daß von ihren zahlreichen Günstlingen sie keiner politisch beherrscht hat."

Ivo Vukčević[275] sagt: „Zerbst war lange Zeit Hauptstadt des Herzogtums Anhalt-Zerbst. Sophie Augusta von Anhalt-Zerbsta,

---

275 Ebenso, S. 370.

später Katherina die Große, Kaiserin Rußlands (1762 – 1796), verbrachte hier ihre Jugend und Jahre des Erwachsenwerdens. Einer von führenden französischen Autoritäten für alte slavische Zivilisation, Louis Leger, wollte seine Studenten erinnern: ‚Daß alte Kaiserin Historie ihres Vaterlands wenig mehr wußte, könnte sie ihren neuen russischen Staatsangehörigen sagen, sie haben eine Prinzessin mit slawischer Herkunft'"

Olga Luković-Pjanović[276] schreibt: „Katherine II ... war keine Deutsche, sondern eine Serbianerin, weil außer das ... ihre wahre Familie noch heißt Serbst. Darüber schrieb unlängst ‚Revue des deux mondes' ... Und so, Quelle dieser Volksstolz kann man in längster Zeit suchen ..."; „... Sie nahm in Literatur ihrer Zeit in satirischen Zeitschrifte teil. Sie schrieb Komödien und half den Schriftstellern und Wissenschaftlern. Sie nannten Katherina „Nordsemiramide". Sie schrieb das Drama „Oleg". Katherina die Große zählte zu ihren Freunden Voltaire, d'Alenmbert, Diderot und hielt Korrespondenz mit Voltaire und mit Grimm und empfing Diderot an ihrem Hof ... Bernar Bonilori schrieb in „Figaro": Katharina die Große „... war die veröffentliche Superiorität der slawischen Rasse. Und besonders wollte sie zu beweisen, das Slawische war ursprüngliche Sprache des menschlichen Stammes. In einem Brief, den sandte sie an Grimm 1784, schrieb sie, die alten Slawen gaben eigene Namen an zahlreichen Flüßen, Gebirgen, Ebenen und Gebieten in Frankreich, Spanien, Schottland und anderen Gebieten ..."

Olga Luković-Pjanović[277] gibt an, was Jan Kollar schrieb im „Archiv für Slawische Sprache" mit dem Titel: „Der Einfluß des Slawischen auf das Italienische":

‚... Nestor, Burguchwal, Dalemil a. A. bestätigen das ausdrücklich, und überdies so, dass Letzterer die Sitze der Slawen

---

276 Otto Zierer, Große illustrierte Weltgeschichte, Sieg des Kreuzes, Herbig, München 1983, S. 17.
277 Hugh Seton-Watson, Nations an States, 1977. Globus, Zagreb, 1980.

nicht nur nach Ober-, sondern auch nach Mittelitalien bis nach Rom ausdehnt, wenn er im I. Cap. so spricht:

>*Mesi jinymi Srbowe*
otkud kdez bydle R'ekowé
podle more sie usadichu
az do R'ima se rasplodichu.<

>*Unter der anderen Serben*
von da, wo wohnen die Griechen,
(bis) an das Meer sich festsetzen,
bis nach Rom sich auszersameten.<

Mit einem Worte, Geschichte, Sprache und Gewohnheiten und tausend andere Gründe und Umstände bestätigen es als unumstößlich, dass schon in uralter Zeit, vor den Römern und Celten, nicht nur in ganz Oberitalien, im Venezianischen und Lombardischen, sondern auch im Helvetischen, in Tyrol, in einem Teile von Baiern, in Rhätien und in Noricum Wendoslawen wohnen, und dass der Baum des italienischen Lebens seine Wurzel in slawischen Boden hat."

Ivo Vukčević[278] gibt an: „Marthin Luther und Lutherstum öffnen ein besonderes Kapitel in der Historie der germanischen Serben. Es scheint, allein Luther hatte serbisch-wendische Herkunft. Nach einem skandinavischen Handbuch, Martin Luther (1483–1546) war Nachkomme des slawischen Geschlechtes von Stamm Lutići. Zuname ihrer Vorfahren war Luyt (bedeutet kräftig, rohig, aderig). Die Vorfahren waren gezwungen, Zuname zu germanisieren in Lutyr. Nachher in Luthur und, endlich, in Luther. Er war in Untersaksonien geboren, ein Wohnort, der hieß heute Eisleben, aber vorher war unter eigenen slawischen Name Sebenica bekannt, das be-

---

278 Hermann Kinder/Werner Hilgemann, dtv Verlagsgesellschaft mbH Co. KG, München, 1964, S. 97.

wahrt noch heute in Name 'der alten Stadt' Distrikt Zibenica (Siebenhitze)'. Es bestehen auch und mittelbare Beweise, Frau Luthers hatte serbisch-wedische Vorfahren. Dorf Lipa, später Lippendorf, bei serbischer Stadt Lipsk, heute Leipzig, ist Heimat der Vorfahren von Bora und Geburtsort der Frau von Luther, Katherina von Bora. Bor, wie in Angabe liber homo Bor vocitatus natione Slavus, ist ein ausschließlich serbischer Name.[279] Bor, Bolibor, Mesibor und Borisslav sind vier von neun serbischen Namen in Meisen 1071. Jahr."

Olga Luković-Pjanović[280] gibt an: „... Baltik ... ein Dorf unweit von jener Stadt, wo ist Bismarck geboren. Und jeder Deutsche überzeugt, daß Bismarck ein Nachkomme des serbischen Volkes ist."

Ljubomor Domatezović[281] schreibt: „Ein Deutscher ... die Illyrer ... an Baltikmeer oder auf Territorie des heutigen Deutschlands. Später der Stamm ist germanisiert, wie sagt Maretić, m 17. Jahrhundert. Von diesem Stamm stammte eine bekannte Person der deutschen Historie Graf Koprivia, über den am Ende des XIX. Jahrhunderts die deutsche Presse schrieb, er war Slawe (Serbe). Otto Bismarck, der allein hervorhob, seine Großmutter wußte sogar kein Wort deutsch aufblöcken, aber 'sorabisch', Leibniz, der an Peter der Große in Stelle Torgawe sagt: 'unsere Herkunft ist gleich, beide sind die Slawen' usw".

Es folgt, in Europa gebraucht wird der sog. slawische Dunkelvokal im Schkipitarisch (ë), Walachisch (ä), Rumänisch, Portugesisch, bei allen Sprachen des Frankreichs (um 50 % Französen), Deutsch ä = ae, ö = oe, ü = ue, drei Möglichkeiten mit den Dunkel(stumm)vokalen. In Schweden = Sweden = s Weden, 100 % sog. slawisch mit Vokalen: a, o, u, å, e, i, y, ä, ö.

---

279 Erwin Angermayer ... Grosse Frauen der Weltgeschichte, Verlag Sanastian Lux, Murnau • München, S.256
280 Ivo Vukčević, Slovenska Germanija, Pešić i sinovi, Belgrad, 2007, S. 367.
281 Olga Luković- Pjanović, Srbi ... narod najstariji, Dosije, Belgrad, 1990 (ohne Seiten – durch Internet).

Ulrich Wilcken[282] schreibt: „Einfluß Alexanders ... im großen Maß von Mitte des dritten Jahrhunderts v. Chr. die griechische Kultur sättigt die römische Gesellschaft. Anfang dieses
Prozeßes beginnt im Jahr 240, ein Jahr nach dem gesiegten
Ende des punischen Kriegs, als griechische Freimensch Livi-
us Andronik von Tarentum erstmal machte eine lateinische
Übersetzung des griechischen künstlichen Werks für römischen Spielen. Es gibt zwei Sachen charakteristisch für Rom in
diesem Sinn. Als erste Stelle war das der Senat, der gab einen
Befehl, das Werk auszuführen. Viel Bedeutendes ist zu ver-
merken, daß dieser Schritt offiziell von der Herrschaft kam.
Wenn man weiß, daß das der Senat war, der vor 28 Jahren die
silbernen Münzen imitierte, mit denen führte der römische
Handel in der hellenistischen handelischen Zone ein, ist vie-
ler bedeutender, was der gleicher Senat befehl jetzt den griechischen Werk auszuführen ...".

„Die zweite, das war die höhste Errungenschaft als war eine
griechische Vorstellung der griechischen Sprache gemacht. Für
die künftige Historie Europas war das ein wichtiger Augenblick,
was Römer, seitdem Übernahme der griechischen Literatur, nahmen Latein an, beziehnugweise eigener Muttersprache ... Aber,
da sich von Anfang an die griechische Poesie an Latein behielt,
war die lateinische Prosa noch nicht entwickelt und erste Imi-
tationen der griechischen prosischen Litaratur waren in Rom
an die griechische Sprache. Der erste Römer, der Absicht hatte
eine romische Historie zu schreiben, Fabius Piktor – römische
Kopie von Beros und Maneto – an Ende des dritten Jahrhunderts
schrieb sein Werk ‚Jahrbuch' an die griechische Sprache, und
so machten und seine Nachfolger, Kato der Ältere in zweitem
Jahrhundert war der erste, der verfasste die lateinische Historie in seinem Werk ‚Original'. Seitdem nach hier schreiben die
Römer eigene Prosa nur an lateinische Sprache".

---

282 Da Begriff Serbe = srbe = srpe nur srp = Sichel bedeutet, gab es
   kein serbisches Volk, sondern Sichelsmann usw.

Man sagt: „Römer, seit Übernahme der griechischen Literatur, nahmen Latein an, beziehungsweise die eigene Muttersprache ..."

Da Römer nur warwarische = pelasgische Sprache (Dionysius [60 v.Chr.- 7 n.Chr] von Halikarnas) redeten, die nur sog. slawische Sprache war, Römer „nahmen Latein an". Damit ist bestätigt, Latein war keine eigene Sprache – nur offizielle, heute nur tote Sprache.

In Europa sprach man nur Barbarisch = Pelasgisch = sog. Homerisch = sog. Slawisch.

Die kirchlichen und offiziellen Sprachen waren Koine und ihr Nachfolger – Latein.

Gustav Weigand[283] gibt an: „Das ist in kurzen Zügen ... die Art der Musik und des Tanzes der Rumänen weisen ganz entscheidend auf den Balkan. Ich möchte hervorheben, daß ich durchaus unabhängig von Tomaschek zu wesentlich denselben Resultaten wie er gekommen bin ...

Ich möchte die Aufmersamkeit noch besonders auf den Umstand lenken, daß auch die Gestalten und Volksaberglauben, ihre Eigenschaften, ihr Charakter, ja sogar teilweise die Namen bei den Albanesen,[284] Bulgaren und Rumänen gleich sind, wodurch die Rumänen aufs Engste mit den Balkanvölkern verbunden sind ..."

„... den Balkanwalachen, die bei ihrer späteren Wanderung nach dem Norden ...".[285]

So in Auskunfte Ovidiuses in seinen Briefen ... in Form der Gedichte mit Name „Tristie" ... sogar schreibt er Gedichte mit der Sprache der „Barbaren", die hieß er bald thrakisch, bald dakisch, getisch, skythisch, oder sarmatisch ... Ovidius sagt nicht,

---

283 Gustav Weigand, Ethnographie von Makedonien, Friedrich Brandstetter, Leipzig, 1924, S. 13.

284 „... von einer Weiterentwicklung zum Albanesischen unter sehr starkem lateinischen Einfluss", S. 9.

285 Ebenso, S. 15.

daß er lehrnte fünf verschiedenen Sprachen, an die schreibt er neue Gedichte, sondern mit einzigen Benennungen dient er sich immer in Singular ...[286]

Wir haben bemerkt, Ovidius erwähnte getische, skythische und thrakische Namen, als Grund kann man schließen, und die Geten, und die Skythen, und Thraker sprachen, wenn nicht vollständig mit gleicher Sprache, sie könnten sich zwischen sich verstanden ...

Ovidius (43 v.Chr.–18 n.Chr.) war von Augustus im 9 Jh. n. Chr. an die Küste des Schwarzmeeres verbannt ... In „Tristie" schreibt er über Barbaren. Weiter schreibt er über ihre Sprache: Sie sprechen Thrakisch, Dakisch, Getisch, Skytisch und Sarmatisch. Also, für ihn hatten alle erwähnten Völker ein und dieselbe Sprache[287]: Barbarisch = Pelasgisch = sog. Homerisch = sog. Slawisch – bis heute leben auf diesen Gebieten sog. Slawen = Barbaren.

Hugh Seton- Watson[288] schreibt: „Der Prozeß ... Am besten europäische Parallele für den Prozeß, der blieb in Wesen an Historiker verborgen, ist Erscheinung der rumänischen Sprache, die entstand von einem rumänischen Dialekt auf Grund Schmelzen des Lateinisch mit dem Slawisch ...".

Rumänische Sprache war ein Vulgärlatein – eine Mischung des Latein mit Pelasgisch.

Rumänische Sprache war ein Werk des Vatikans, nicht das Volk mit pelasgischer Sprache.

Reinhold Lange[289] gibt an, was „Kreuzfahrt Gunter von Paris beschrieben hat":

„Als nun Sieger ... Der aber erschrak mehr über den Lärm als über seine Worte, denn den Lärm hörte er, die Worte konn-

---

286 Olga Luković-Pjanović, Srbi ... narod najstariji, Dosije, Belgrad, 1990 (ohne Seiten – durch Internet).
287 Olga Luković-Pjanović, Srbi ... narod najstariji, Dosije, Belgrad, 1990 (ohne Seiten – durch Internet).
288 Hugh Seton-Watson, Nations an States, 1977. Globus, Zagreb, 1980, S. 50.
289 Reinhold Lange, Imperium zwischen Morgen und Abend, Verlag Aurel Bongers Recklinghausen1972, S. 336.

te er ja nicht verstehen; und da er merkte, daß jener (Martin) sich nicht in der griechischen Sprache auszudrücken verstand, begann er den Mann in romanischer (französischer) Sprache, die er teilweise beherrschte, zu beschwichtigen und der Abt nur mit Mühe wenige Worte dieser Sprache radebrechen (der griechische Priester spricht also besser Französisch also der elsässische Abt!), um dem Alten klar zu machen, was er von ihm wolle ..."

Das Französisch als nur Vulgärlatein redeten die Priester nicht – die Sprache war neu.

Olga Luković-Pjanović[290] gibt an, was schreibt Katharina die Große: das Slawische war die erste Sprache der menschlichen Gattung ... Alte Slawen gaben ihre Namen der größten Zahl Flüße, Gebirgen, Ebenen und Gebiete in Frankreich, Spanien, Schottland und andere Gebiete ..."

Also, Italien war nur slawisch. Das kann man bei Dionisius von Halikarnas lesen, der lebte im Rom des 1. Jh. n. Chr. Nach ihm, die Römer sprechen nur Barbarisch und Peasgisch. Also, nur sog. Slawisch. Die Pelasger waren die Etrusker (Herodot ... Genadij Grinevich ...), die gründeten die Stadt Rom. Dafür ist hier der Beweis.

Ljubomir Kljakić[291] gibt an: „... der große Slawist Jan Kolar veröffentlichte 1853 das Kapitalwerk Staraitalija slavjanska, mit über 700 Seiten mit Dokumentation für die slawische Anwesenheit auf der Apenninenhalbinsel und vor und während des antikischen Roms. Und das Buch Kolars fand sich sofort im Index Paps für verbotene Bücher, was war der Grund dieses Buch ist nicht erwähnt in enziklopädischer Bestimmung, sogar auch und für späteren linguistischen Fachleute ...".

Also, Volkssprache war pelasgisch = slawisch, aber dienstliche Sprache war Latein.

---

290 Olga Luković-Pjanović, Srbi ... narod najstariji, Doisie, Belgrad 1990.
291 L. Kljakić, Oslobađanje istorije I-III, Prva knjiga, Početak puta, Archiv, Kljakić, Beograd, 1993.

Hugh Seton-Watson[292] gibt an: „Wahrscheinlich ... Jahr 1539, mit Edikt in Villers-Cotterets, Frank I verkündigte französische Sprache als einzige offizielle Sprache ... Im siebzehnten Jahrhundert Académie française, die gründete Kardinal Richelieu, wurde mächtige Instrument für Gestaltung und Kontrol der Sprache. Und die Akademiker und die großen Schriftsteller haben gemeinsam dem Prozeß beigetragen, bildeten von französischer Sprache vollkomendestes Instrument der menschlichen Rede und Sprache der allen zivilisierten Menschen in der Periode von ungefähr dreihunderten Jahren ...".

Hugh Seton-Watson[293] gibt an: „In ‚alten Nationen‘, wie ich nennen, entwickelte sich Prozeß, der ist schwer an Perioden aufzuteilen, aber Ergebnisse sind Wirklichkeit. Zum Beispiel, Jahr 1200. bestand es weder französische noch englische Nation, aber 1600. beide waren schon unumgehende Tatsachen ... Unter Name Frankreich und England herrschten Könige und Edelmänner, die sprachen mit gleicher Sprache ...".

„Anfangs in England bestand zwei Sprachen. Die Eroberer aprachen irgend eine provinzielle Form des Französisches. Anglosaksonen, Angehörigen der höheren Klassen und alle, die bestrebten sich nach höherer Position oder höheres geselschaftliches Status unter der Eroberer, lernten das normannische Französische ... Im Lauf nächster zwei Jahrhunderte, obwohl höhere französische Kultur vorherrschte in höfischen Kreisen, Adelstand des Englands sprach immer häuifger mit Sprache eigenes Landes. Aber alleinige Sprache änderte sich schnell. In Periode von ungefähr 1250. bis zu 1400. Sprache war mit französischen Wörtern übergeschwemmt: ungefähr 10.000 Wörter ziehen Würzel aus derselben Zeit ...".[294]

292 Hugh Seton-Watson, Nations an States, 1977. Globus, Zagreb, 1980, S. 66.
293 Hugh Seton-Watson, Nations an States, 1977. Globus, Zagreb, 1980, S. 31.
294 Ebenso, S. 49.

Will[295] Durant[296] gibt an: „Die Römer waren dankbar an August … Dieser geistige Reichtum jetzt fließt sich zusammen in Rom, anregend des Unterstützen und Überbieten, veranlassen um die Sprache zu richten und entwickeln. Zehntausend Wörter eingingen in lateinischer Lexik …".

Also, die Koine war seit 300 Jahr v.Chr. Ihrer Nahchfolger war das Lateinisch nur seit 240 Jahr v.Chr. von dem Greiker Liv Androniku. Lateinisch war arm mit den Wörtern. Nach W.Durant, Rom war Reich der hellenischen Kultur und aus der Koine waren in der lateinischen Sprache zehntausend Wörter eingesetzt worden. Damit kann man festellen, das Lateinisch war nur echte „Kopie" der Koine. Für diese zehntausend Wörter sagt man noch,sie haben griechische und lateinische Herkunft – in Französisch und Englisch.

Als Beweist, daß die Europäer entarten worden sind, blieb es sog.slawischer Dunlelvokal. Er findet sich in alle Sprachen in Frakreich, Portugiesisch, Rümenisch, Deutsch (ä = ae, ö = oe, ü = ue-e), Schwedisch, Walachisch und Schkipitarisch (Toskisch).[297]

Französisch war katholische Sprache, Nachfolger des Lateins, und Deutsch als gotisch Sprache der Protestanten.

Historiker Priskos, der beschrieb Abgeordnetschaft von Konstantinopel bei Attila 448 Jahr, schriebt: (Einwohner in pannonischer Tiefebene, R.I.) „mischend sich mit verschiedenen Völker lernten Gotisch, Hunnisch und Lateinisch, und zwischen sich sprachen ihre barbarische Sprache". (Barbarische = varvarische = warwarische Sprache, R.I.)

---

295 Risto Ivanovski, Bez etnički narodi germanski narod, Bitola, 2013, S. 112.

296 Will Durant, The Story of Civilization, Caesar and Christ, Narodna knjiga Alfa, 1996, Belgrad, S. 271.

297 Risto Ivanovski, Volkssprache der Europäer war pelasgisch = sog. Slawisch, Bitola, 2015.

Also, man redet über „Gotisch, Hunnisch und Lateinisch", ohne die Koine als nur kirchliche Sprache der Christen und „barbarische Sprache", die Sprache der Unchristen.

Es folgt, westlich von Deutschland sind romanische Sprachen als Nachfolgersprachen des Lateins und östlich von Frankreich gotischen zusätzlich mit mongolischen Elementen wie Endungen: ich, ig, ing, ung, jung ... Beispiel mit Peking = pe(Stadt) king (Herrscher)- König. Dazu kommt noch Wiking = wik king (Fürst, König und Kaiser). Symbol der Wikinger waren Hörner des balkanischen Rindes als brigisch, illyrisch ..., Rasse Buscha- europäisches wild.

Da Europäer in Europa nur mit balkanischem Rind besiedelt worden waren, die Europäer stammten von Balkanhalbinsel und Kleinasien ab- alle Europäer waren Pelasger.

Europa ist zu klein mehr Völker mit verschiedenen unverständlichen Sprachen zu leben- Europäer sind entarten von Volkssprache Barbarisch mit Koine und Nachfolger Latein.

Die Hellaser nur entarten sog. Slawen

Olga Luković- Pjanović[298] gibt an was schreibt Gregorius Dankovsky[299]:

„Homerus Slavicis dialectis cognata lingua scripsit, ex ispisus Homeri carmine ostendit ..."

„Die Greichen als Stamm- und Sprachverwandte der Slawen, historisch und philologisch dargestellt ...".

298 Olga Luković-Pjanović, Srbi ... narod najstariji, Doisie, Belgrad 1990.
299 Gregorius Dankovsky, Vindobonae-Pospon, 1829; Pressburg, 1828

„Iliados Liber I, I-50, Slavice et graece idem sonans et significans, adjecta nova versione latina et commentario graeco- slavico".

„Es ist offenbar, dass man noch zu Homer Zeit zwischen der griechischen und thracischen Sprache keinen Unterschied machte."

„Hekatäus aus Milet, der 500 Jahre vor Christi Geburt lebte, bezeugt nach den zu seiner Zeit vorhandenen Denkmäler, dass vor Alters ganz Griechenland von Barbaren bewohnt war. Attika sagt er, hatten jene Thracier inne ..."

„Die Athenienser sind daher ursprünglich Thracier (Slawen), sie sind nach Herodots Zeugniss erst nachmals tu Hellenen geworden, und haben ihre Ursprache (die thrachische, d. i. slawische) beibehalten ...

Strabo findet diese Erscheinng ganz natürlich. Die Thracier und Epiroten, sagte er, wohnen bis jetzt (19 nach Christo) an den Seiten Griechenlands, um wie viel mehr muss vormals als jetzt Griechenand von diesen Völkern bewohnt gewesen sein, da die Barbaren noch den grössten Theil Griechenlands, welches ohne Widerrede dermalen ein eigenes Land für sich ausmacht, bewohnt. Sie besitzen die Thracier Macedonien ...":

„Der thracische (slawische) Stamm betrat um Vieles früher als der hellenische die Bahn der wissenschaftlichen Bildung; denn Orpheus, der Slawen rühmlicher Ahnherr (lebte 1000 oder 2000 Jahre vor Plato, so weit reicht die Lebenszeit des Orpheus ins grau Altertum, dass Plato dieselbe nicht mehr bestimmen konnte) war der erste Religionslehrer in Griechenland, und sein Schüler waren die Erfiunder der philosophischen Sprache.

Plato, den man wegen seiner Weisheit den göttlichen nannte, sagt, dass es in der griechischen Sprache viele Wörter gibt, die zugleich der Sprache der Barbaren angehören, und führt z. B. das Wort υδωρ Wasser an, dessen sich auch die Phrygier bedinnen ...".

„Es verdient bemerkt zu sein, dass die Slawen, also auch die Macedonier statt „φ", „β" zu gebrauchen pflegen. Z. B. macedonisch „bratos" „βρατωρ" griechisch „φρατωρ"; macedonisch „obrv-e", griechisch „ofrüs" „οφρυξ".[300]

„Später suchte Hr. Levesque seine Behauptung zu modificieren, und in dem er bemerkte, dass die Züge der Ähnlichkeit, die er Anfangs in der slawischen und latenischen Sprache und dem deutsche wieder finden, so zog er dieses Mal heraus den Schluß, nicht das die Griechen, sondern nur (mit HEYNE).

„Das diese vier Völker scheinbarer Weise einen gemeinschaftlichen Ursprung hatten, und unsprünglich (dans le principe) eine und diselbe Nation gebieldet haben müssen."

„Ich fühle mich berufen, die Meinung des Herrn Leversque über diese Gegenstand dahin berichtigen zu müssen ...".

In Friedrich Lübkers Reallexikon[301] steht: „**Homeros**. 1. (Vgl. auch Epos) ...in Homers Sprache beträchtliche Reste des äolischen Dialekts vorhanden sind ...In alter Zeit, etwa 500 v. Chr., ihm fast alle troischen und auch noch andere Epen zugeschrieben, ebenso die Hymnen ... Daneben homerische Fragen aufgeworfen (Aristot. Poet. 1461 a), die oft sehr törichte Lösungen fanden, aber auch schon treffend auf allerhand Widersprüche hinweisen. Doch erst die alexandrinische Wissenschaft hat eine metodische Behandlung Homers, nach Text und Inhalt, angestrebt und zT. auch erreicht ... 1769 Woods Theorie, die Schrift sei H. Unbekannt gewesen und stamme erst aus dem 6. Jahrh; Prosa und Annahme der Schrift fielen ungefähr zusammen ...".

Also, „ in Homers Sprache beträchtliche Reste des äolischen Dialekts vorhanden sind".

Dionisius[302] (60 v.Chr.- 7 n.Chr) von Halikarnas redet über Römer, die sprachen die barbarische Sprache. Er schreibt: „... Die Sprache mit der die Römer sich dienen, ist nicht ganz barba-

---

300 Also, antikische = ethnische Makedonier mit dem Makedonisch = Slawisch als Sprache Homers.

301 Friedrich Lübkers Reallexikon, Druck und Verlag von B. G. Teubner, Leipzig-Berlin 1914, S. 472.

302 Dionysius, Roman Antigueties I, 90. Auch bei N. Densunsianu, Dacia praistorica, Bukuresti,1982, S. 717.

risch, nicht aber apsolut hellenisch, aber stellt eine Mischung von beiden dar. Der größere Teil von der Sprache ist gleich mit eolischem Dialekt …".

Die hellenische Sprache war nur pelasgisch. Aber Herodot sagt, daß „Eoler waren und nannten sich Pelasger".[303]Wie die Hellaser- Barbarisch = Pelasgisch Sprache Platons.

Damit ist festgestellt,Römer (I Jh. n.Chr.)sprachen nur sog. slawische Sprache.Das bedeutet, von Römern gab es kein Latinisieren. Das war in Europa und Welt unmöglich …

Das blieb Grund, alle europäische Autoren verbergen das, was schrieb Dionisius.

Also, die Italiener hatten nur eine pelasgische Volksprache und Latein- dienstlich.

Milan Budimir[304] schreibt: Vor Redaktion von Peisitratos waren Homerische Gedichte zerstreut und unordnet, aber zusammengesetzt von Zusammensetzer, d. h. ομηρος … usw.

Also, im 6. Jh. v. Chr. in Athen schrieb man nur mit Strichen und Ritzen (Runen).

Olga Luković-Pjanović[305] schreibt über „Einschnitzen der Rune". Platon in seinem Dialog „Kritia" schreibt über Schrift, die war eingeschnitzt. Platon redet über die Sprache der Barbaren. Im Westen von Mesopotamien schrieb man mit Strichen und Ritzen (Runen), auf der Balkanhalbinsel mit Makedonier[306]. Das war bestätigt mit Stein Rosette … in Ägypten, Gruft von Philipp der Makedonier in Kutleš (š = sch), nur als neuer Name Vergina (v = w) usw.

Nach Bleiken et al.,[307] die Athenier nahmen ionische Schrift (Milet) 403 Jahre v. Chr. an.

---

303 Herodots Historia, Polimien VII, 95.
304 Milan Budimir, Sa Balkankih istočnika, Belgrad, 1969, Seite
305 Olga Luković-Pjanović, Srbi … narod najstariji, Doisie, Belgrad 1990.
306 Risto Ivanovski, Kleopatra mit makedonischer Schrift-Striche und Ritzen (Runen), 2019, Bitola, R. Makedonien.
307 Jochen Bleicken i drugi (1977): „Povijest svijeta", Zagreb.

Also, Iliade war im 6. Jh. v. Chr. mit Strichen und Ritzen (Runen) verfasst und nachher mit der Schrift der Jonern von Miletos, seit 403 v. Chr. und Koine 3. Jh. v.Chr.

Damit ist bestätigt, in Hellas sprach man nur Homerische = sog. Slawische Sprache.

H. R. Vilkinson[308] schreibt über die Thesen an J. P. Fallmerayer 1830.

„Philhellenen der Neoklassiker waren grob von Werk des Fallmerayers durchschüttteln, das erscheint vo 1830.[309] Er behauptete, klassikische Griechen waren während der Periode der barbarischen Invasion komplett weggewischt, und die modernen Griechen sind in keinem Fall die Nachfolger der Hellenen ...“[310]

Hugh Seton-Watson[311] schreibt: „Nun, also, es bestand ein griechischer Staat, aber erst soll man griechische Nation schaffen. Der Prozeß verhinderte schon erwähnte Teilung an Traditionaliste und Westliche. Weiter sind Komplikationen um Frage der Sprache aufgetaucht. Korais hatte Absicht eine neue Sprache zu schaffen, bereichert mit Elementen der antikischen Vergangenheit, in dem halteten ihn zuerst Liberalen, bis Traditionaliste setzten sich ihm wider. In neuem Staat neue künstlerische Sprache nahm bald ganz gebildete obere Schicht an, und Progressiste und Konservative. Die ‚reine' Sprache (Kathairevousa) war an Volk, hauptsächlich, unverständlich, auch das diente sich und weiter mit seiner ‚demotischen' Sprache. Unter-

---

308 H. R. Vilkinson, Kartite i politikata, Pregled na etnografski karti, Makedonska kniga, Skopje, 1992, S. 53.

309 Geschichte der Halbinsel Morea während des Mittelalters (Stuttgart und Tubingen, 1830–1836).

310 „Das Geschlecht der Hellenen ist in Europa ausgerottet [...] Denn auch nicht ein Tropfen edlen und ungemischten Hellenenblutes fließt in den Adern der christlichen Bevölkerung des heutigen Griechenlands“. (Jakob Philipp FALLMERAYER)

311 Hugh Seton-Watson, Nations an States, 1977. Globus, Zagreb, 1980, S. 124.

schied zwischen beiden Sprachen verwandelte sich in klassische Unterschiede, und noch betonten Getrenheit der Nation, oder, besser zu sagen, obsondern der griechischen Bevölkerung, verlangsamte sich Schaffen der griechischen Nation. In zweiter Hälfte des Jahrhuundertes fangen fortgeschrittene Griechen an für Gebrauch des Demotisches einzusetzen, und teilten an Linken und Rechten in Politik, begann mit ihr zu übereinstimmen. In kunstliche Literatur wog Demotisch über, aber in Zeitnungswesen und in dienstlichen Dokumenten bekam Vorrang der ‚reinen‘ Sprache. Polemik dauerte und in drittem Viertel des 20. Jahrhunderts, obwohl Demtisch stärkte ununterbrochen“.

Es gab nur Staat, keine Nation und keine Sprache – das muß man geschaffen werden.

H. R. Vilkinson[312] schreibt: „G. Weigand ... griechischer Dichter Solomos (1789–1856), war in großes Maß bewußt für Gefahr in Gebrauch der nationalischen Sprache, ‚eine Sprache, die weder jemand sprach und noch spricht und wird sprechen‘ ...“

Diese künstliche Sprache entstand von der Koine, der ersten christlichen Sprache, dankbar des Apostels Pauler. Er kannte die Koine als Sprache von Alexandrien, was war nur nach dem Tode Alexander von Makedonien. Apostel Paul kannte nicht Sprache, die in Athen dienstlich war – die war barbarische = pelasgische Sprache Homers, Platons ... Es folgt, als J. P. Fallmerayer besuchte Athen ., er sah dort, daß man dort nicht die Koine sprach, sondern dort lebten die Slawen mit ihrer slawischen Sprachen und slawischem Akzent. Er und andere ähnlich wie ihn schließen, Hellenen in Hellas entarten sich mit slawischer Sprache. Aber, Zustand war umgekehrt: die Hellenen sprachen Sprache Homers, die war nur slawisch (deutscher Linguist Pasow – 1815) und slawo-makedonisch in Lerin = Florina (hel-

---

312 H.R.Vilkinson, Kartite i politikata, Pregled na etnografski karti, Makedonska kniga, Skopje, 1992, S. 136.

lasischer Linguist Tschulkas-1907)[313] – Tschulkas sammelte 4000 Wörter Homers …[314]

Eigenzeit schrieb P. Kretschmer: „Kein kultureller Reichtum ist nicht so dauernd und langewig wie ist mit der Sprache. Besonders sind unveränderlich und beständig Namen der Stellen, sogar als Einwohner sind geändert." Es folgt Nahestehen der makedonischen moderne Sprache mit homerischer Sprache bzw. an slawische Sprachen mit Sprache von ältestem lexikalischem Bestand von homerischem Epos „Iliade". Das, eigenzeit, noch in weiterstes 1815 Jahr konstantierte deutscher Linguist F.Passow, und schon in 1845 Jahr ist sein Werk für homerisches Lexikon von H. George übergersetzt und veröffentlicht in New York.[315] In sein Werk Passow stellte fest, daß große Schicht von homerisches Lexikon in Iliade an Lexikon der slawischen sprachlichen Bund angehört.[316] Da makedonische Sprache gehört an diese Bund an, und nach mehr Untersuchungen antikische makedonische Sprache war gleichfalls mit Pelasgisch als älteste balkanische Sprache, ganz ist Schluß berechtigt, daß homerische Sprache wahrheitlich näher bis moderne makedonische Sprache in bestimmte lexikische Elemente ist, die sind in ältere Ausgaben der ‚Iliade' behalten.

Etwa nach hundert Jahre Konstantin Čulkas, im Jahr 1907, in seinem Buch wird das Gleiche bestätigt. Dabei es sagt, daß Sprache der Slavo-Makedonier von Lerin Herkunft von Frühhomerische Sprache führt. Das gleiche, in Buch gibt man an, daß das nicht Sprache ist, sondern Idiome der griechischen Sprache. Wie griechische Praxis, Autor kommte ums Leben. In dem Fall, er führte ‚Selbstmord'

---

313 Wegen des Buches war Autor ermordet worden- Die Makedonier 1907 Jahr sprachen das Homerische.

314 ΣΥΜΒΟΛΑΙ, ΔΙΓΛΩΣΣΙΑΝ ΤΩΝ ΜΑΚΕΔΩΝΩΝ, Κ. Ι. ΤΣΙΟΥΛΚΑ, ΕΝ ΑΟΗΝΑΙΣ, 1907.

315 L. F. Passow, Lexicon of the Greek Language, 1845.

316 Nach Ludvig F. Passow, in „Iliade" und „Odysee" bestehen viele Wörter ähnlich in tschechischer und slowakischer Sprache. So entdeckte er identische Wörter von homerischem Original. (Odysee = odi see, R.I.).

aus. Es folgt, wegen Makedonier und ihre makedinscher Sprache waren viel tot. Für alles war schuldig nur makedonische Wahrheit.

Tschulkas (Tsioulkas), im 1907 Jahr herausgab ein Wörterbuch: „Beitrag zu zweisprachigheit der Makedonier". Er redet über 4000 Wörter der Makedonier, die gehen aus altertümlichem dorischem Dialekt hervor. Da die Dorier um 1100 Jahr v. Chr., nach einige Autoren aus Makedonien, nach anderen aus Thessalien, auch aus Eprus nach Süd übergesiedelt worden, die Makedonier aus Pelagonien sprechen fast 3000 Jahren wie die Dorier, nur Barbarisch = Pelasgisch = Homerisch = sog. Slawisch = sog. Makedonisch – als ein Volk

Auch die Makedonier in Pakistan behalten vielen makedonischen Wörter, Musik ...

Alle diese erklärt einzig: Makedonisch und Slawisch waren nur das gleiche, die war sog. homerische Sprache – solche war hellasische (sog. griechische) Sprache. In neue hellassische Sprache gibt es Menge der Idiome von originaler sog. homerischer Sprache.

Zur Erinnerung: nach makedonischen Autoren, Reden der antikischen Makedonier waren die gleiche mit Reden der ethnischen Makedonier. Das spricht dafür, daß antikische Makedonier heute die gleiche Bevölkerung ist: mit gleicher Sprache, gleiche Traditionen usw.

Also, die Makedonier sprechen die homerische Sprache und Hellaser waren entartet:

Neben slawischem Akzent, was bemerkt J. P. Fallmerayer, M. Vasmer schreibt über Dunkelvokal – in Hellas lebten nur die Pelasger, die sprachen nur Pelasgisch = sog. Slawisch.

Um zu bestätigen, daß in Hellas keine Hellenen mit der Sprache Koine lebten, sondern nur Slawen mit Sprache Homers, Bücher Fallmerayers waren nicht veröffentlicht worden:

Dimitris Litoksou[317]sagt: „Man soll 149, beziehnugsweise 172 Jahre verging, um sie von Eretiken Konstantinos Roma-

---

317 Dimitris Litoksou, Izmešana nacija ... Az-Buki, Skopje, 2005, S. 31.

nos und Pandelis Sophzoglos, seine Werke ‚Für Abstammung der heutigen Griechen' (Fallmerayer 1894) und erstem Band der ‚Geschichte der Halbinsel Morea während des Mittelalters' (Fallmerayer 2002) übersetzt werden."

„Fallmerayer war der erste europäische Intellektuelle, der bedingungslos Weise Unterbrechung zwischen uralten und modernen Griechen. Der Deutsche Pauw, Preuße Bardtholdy und die Engländer Gell und Thronton, die ihm vorgingen, in Vergleich mit ihm waren pöbelhafte ‚Griechehäßler' (Simopulos 1975, Seite 45)."

Das war nur deswegen, weil es in Hellas gab keine Hellenen, die sprachen Koine, sondern nur die Slawen, die sprachen Slawisch – das sog. Slawische blieb bis heute Homerisch.

Als Beweis gilt – die Griechen verstehen nicht die Sprache Homers, die nur slawisch war.

Um zu erklären, daß die Athener und die Ionier sprachen nur Slawisch, folgendes Beispiel: für Bursche (Kuros)[zum kurosa]und Mädchen (Kora): Kur-os = Penis und Kora = k ora: k = wie das Mädchen (Kora) bei Sex ora, mit Bedeutung ora = (um) dreht = mischt usw.

Koine/Latein mit vielen pelasgischen Wörtern – Kurtisane = kur = kurit = Penis it.[318]

Alexander = Aleksander = ale ksander = Kasander = kasan der = dar: kasan = beißendar = Geschenk ...;[319] Kasander ♂ und Kasandra = kasandr a = ♀ Helios = Ilios = Il ...,il vrne il grme (oder regnet oder donnert) – makedonische Dialekte blieben nur Pelasgisch = Homerisch.

Altar, l = r, Artar = a rtar + v = vrtar – umdreht; Aorta = a orta vrta = Blut umzudrehen.

---

318 Kurtisane = kurtis ... = kurtis = kurtiš von kur = kurit, für Penis bis zu penis-it: er kurit sich; er ist kurtiš. Aber und die Hure: h = k bis Kure, für Penis als Neutrum Endung e; Kur+va = Kurva = Hure; Kurve schiefzugehen.

319 Alexandar = Aleksandar = ale ksandar = Kasandar: ale = are = Ares (Gott) = jarec = Bock- Mars = m ars = Ares ...

Aman = a man; Amin = a min; Amon = a mon; Amun = a mun: Mane/Mine/Mone ...

Apostel = apostol = a po (= nach) stol (= Stuhl); Dorf Postol(= po stol) – Stadt Pella.

Aphrodita = a frodit a = ♀: nur frodit = prodit = porodit = gebärt – zum Gebären; Aborigines = aporogines = a porogin. = porodin = poroden = geboren – Eingeborene, Einheimische ...

Archont = arhont = vrhont: vrh = vrv = Spitze = Vrhonv = vrvont-n = vrvot/...-t = vrvon ...

Aron = a ron;Thron = tron = t ron = abkörnt = umstürtzt;Thessalonika = te ssal on ik a = ♀

Athen a = ♀:v-n-t **V**athena = **N**athena = **T**athena; **V**ater = **N**ater = **T**ater: Tatena = t atena.

Auleta = Avleta = a vleta = v leta; atleta = a tleta = t leta = fliegt; Berenika = beren ik a = ♀; beren = veren ... Eumen = e umen = klug:umen = um men- um = Sinn; Opium = opi (betrinkt) um.

Babylon = Bab yl on: Bab = Baba Gebirge-Bitola in R. Makedonien; yl = il; on = on.[320]

Bacchus = Dionysos: dionis = dianis = dianiš = pianiš(sch) = opianiš = betrunkt;opian = opi an: opi+um(Sinn) = Opium = opi um; Eumen = e umen = um men = min = mina = Leute = Männer.

Berytus = britus = vrit .; vrit = vriet = siedet; vrie = sieden in Quelle = izvor = iz vor = vr-ie.

Büste = biste = bista = vista = v ista = ist a = ♀: ist = gleich – die Büste war gleich Persons.

Clamys(c = k) = klam ... Ich klam (stelle): klam = klai + v = sklavi = sklawi = Sklawinen.

---

320 Baba, Babuna R. Makedonija; il: il vrne il grme- ob regnet oder donnert, Gott Zeus = Perun; on = slawisch; Phrygien = Frigien = Brigien in Makedonien Babylon = bab il on: Bab = Baba (Planina = Gebirge, Babuna ...); il = Ilios = Helios-il(oder) vrne (regnet), il (oder) grme (donnert); an. Also, Helios = Beliost, hell = bel, leuchtet usw.

Dardanien aus Dardan = dar dan ... mythologiosch, als sog. Homerisch = sog. Slawisch.

Dephteros Omer Grigor Prličev: dephter = defter = de fter = vtor = zwei; Pent-n = pet(5)

Delta Nils: Delta war/ist makedonisch/sog.slawisch Delta = del (teil-en) ta – Endung.

Drachm = drahm – h = dram = gram; das Drama hat eigenes Gewicht des Geschehnisses ...

Edfu = edf u = Dativ brigisch = brig = briž = Briž: brž = brz = brs + jak = Brsjaki = Brsjaci. Dativ in Indien Manu, Meru, Zebu ... Japan Ainu + v + l + k = vlakinu – Weißen mit Haar.

Eunuch = Evnuch = evnuh = e vnuh = vnuk = Enkel; l = u: zelka zeuka = Kraut – Zeukidis ...

Flügel = fl = fal = Falanga = Phalanx: f = p ... palanka – Taube macht palanka im Flug ...[321]

Glaukos = gla ukos; glaukost = gla ukost: gla = Kopf [Haupt];ukost = wissenschaftlich.

Goj = gaj ist sog. Slawisch = Pelasgisch, goj(en) = gaj(en) = züchten – Vieh zu züchten.

Herodot = Irodot: Irodot = i rodot = rod ot;ov-on-ot sog.slawisch;Herod = Irod = i rod.[322]

Hippodrom = hi ppo (= po = nach) drom = drum: das drum = drm drma = tresi = rüttelt.

Jahwe- h = jawe = jave- wacher Zustand, Wirklichkeit, offenkundig, öffentlich.

Jakob = Jakov = jak kov: Tier Jak = jak- kräftiges Tier; kov = schmiedbar, -lich ...

Justinian = justin i an: v-n(an)-t;Justin = j ustin = mündlich; uistin = vistin-a = Wahrheit.

---

321 Falanga = Phalanx mit beiden Flügeln kämpfte gegen Feind, um ihn darin zu umkreisen und vernichten ...

322 Herodot = herod ot; Theodot = theod ot- ot = makedonische = sog. slawische Endung: v-n-t, a = ♀, o = Neutrum.

Kaste/a = kusta = kušta(š = sch) = kućta = kućata = kuća(Haus) ta = makedonisch heute.

Katarakt = ka ta rakt = rakat = rakata,Hand = Arm-Nil strömte ... Überschwemmungen ...

Kerkyra = kerky ra: kerky = kerki = kerka = Tochter abgesondert von Mutter – Korfu.

Kleptoman = k lept o man: k lept = lepit- man = Mensch seine Hand klebt = lepit = raubt.

Konstantin = kon stant in: kon = kon, stant = stanat = beständig, in = angehörig Vaters.

Korfu = korf u- Dativ der Sprache der Weißen: Korf = Krf = krf = krv = Blut –gekämpft.

Kreuz = križ = kris = krst, gegreuzt = krstosan. Jesu = Isus = Isis gekreuzt = krstosan = Hristos.

Krokodil = k roko dil: k = wie; roko = raka = Hand; dil = til = Nacken-Hände an Nacken.

Levante – te = levan: Levant – t = levan – v = lean – n = lea = gegossen (mit Wasser).

Manes = Mones = Mines = Munes ...Man = Mon = Min = Mon = Mensch-mina = Leute.Bis heute Manes-ki, Mones-ki, Mines-ki, Munes-ki ... makedonische Namen bzw. Zunamen.[323]

Mumie = m umie = um ... = Sinn = Mensch: mumie = m umie-ednomuie = einssinnnige ...

Noah = noav = nov = Nove; nov = neu, u = v, neu = nov – nur Makedonisch = sog. Slawisch.

Patient – (e)n = patit = brigisch = brsjakisch bedeitet: er leidet- nur Gleichlautlich.

Peloponnes = pelo(= belo = weiß) po(= po-lovin-a = Halb)nest(= Nest wie Insel). Also, Peloponnes ist belopoluostrovo(= weißhalbinsel): Indones = indo nes, Polynes = poli nes ...

Pontus = pont.: pont – n = pot + on = sog.slawisch = potonato = gesinkt unter Wasser.

---

323 Name Menas blieb der gleiche Grund, verbunden mit Insel Kreta und Ägypten. Die Weißen = Pelasger.

Prostata = prosta = ta: prosta = einfache Drüse, ta mit v-n-t (va-na-ta) a = ♀ Geschlecht.

Qumran = kumran = Kumram = k umram = u mra m: mra, mre, umre, zamre, premre ...

Reptil = rep til: rep = Schwanz; til = Nacken/Hinterkopf – Tier mit Schwanz an Nacken.

Rhakotis = rakoti-raka = Hand wie Arkade = arkada = a rka-da = rkata = rakata = Hand ...[324]

Rhodon = Rodon = rod on = sog. slawisch – Irodot = i rodot = rod ot = s. slawisch (v-n-t).[325]

Seleuk (der Makedonier) = sele uk (uka = nauka = Wissen-schaft); Glauk = gla uk; auch Glauč = gla uč (č = tsch); Glauč = gla auč = a uč; Bigla = bi gla = Kopf – nur gleichlautlich: g = g ...

Semiramis = se miram is: miram von mir = Friede; sve + mit = Svemir = Weltall ...

Silbe = silabe = silave = silawe = silawa = sila wa: sil = s il = Il. Also, Il vrne, il grme.

Silanus = silan us: sila = Kraft; silan = kräftig: silan = sil an: sil = s(Σ) il = Ilios = Helios.

Skorpion = s korpi on: s = mit; korpi (kofa = Korb) ... krpi = crpi = schöpft;on = slawisch.

Smyrna = smirna = s mirna = mirena ...: mir = Friede; a = sog. slawische Endung für ♀.

Statue = statu. = stati = steht; Stoiker = stoi. – Stoizismus = stoi ... = stoj-at = stehen Säulen.

Theater = teater = te ater = ater = Wünsch:ater = a ter = tera = treibt;Eter+v = v(W)et(t)er ...

Tunika = tu ni ka;tunik a = ♀;tunik = t'n'k' = tnk = tenk = tenko = dünn-dünnes Gewand ...

---

324 Rhakotis = rakotis = rakotiš; rak = raka = Arm; rak = Krebs mit Händen = Armen = a rmen = ramena = die Schulter.

325 Insel Antirrhodos = Antir rhodos (Rhodos) = rodos = rod.: Hero-dot = Irodot = i rod ot: rod ov = rod on = rot ot.

Vidi = Windows-n = widow = ich sehe; vici = viki = Viktor = vikator = Sieg mit Schreien.

Wenn wir einen Vergleich machen zwischen homerischen (sog. slawischen) Wörtern in Homers Iliade seit dem 6. Jh. v. Chr. Werk des Redaktionsausschuß des Pisistratos, Übersetzung der Iliade auf Koine nach 300 Jahre v. Chr. in Alexandria, viel später auf sog. Altslawisch als Nachfolger der Koine im 9. Jh. und mehrere Jahrhunderte nachher 4000 Wörter bei griechischer Linguist Tschulkas als heutige makedonische Sprache, die Wörter wurden länger und länger, die Wörter hatten eigene Entwicklung von einfachen silbischen Wörten bis zu vielseitig gehabt. Das ist der Grund für viele Unterschiede.

Hans-Lothar Steppan[326] schreibt: „Als Weithmann auf andere Stelle berichtet für griechische Behauptung, die Einwohner Makedoniens ‚nach griechischer Meinung sind teilweise slawenisierte Griechen', dann Autor im Gegensatz zu dem, mit vielem Recht von Erkenntnissen der wissenschaftlichen Autoritäten – zwischen anderen, Max Fasmer wird schließen, bei großem Teil der Einwohner des Griechenlands ist Rede mehr für griechisieren Slawen.

Griechen hören nicht gerne solche Erklärungen. Anfang des 20. Jahrhunderts merkt der italienische Abgeordnete in Athen, Silvestrelli an, daß Griechen eine Mischung von Slawen, Türken und Venediger sind, und die ganze Presse des Landes ihn angreift ...“

Im 1904 waren die Griechen „eine Mischung von Slawen, Türken und Venedigern".

Also, nur Slawen = Slawen, Türken = Türken und Venediger = Venediger = Venezianer.

„Moderne Griechen sind biologisch viel näher zu Slawen, sondern zu alten Griechen. Heutige Griechen sind nur hellenisierte Slawen, die hellenisiert sich mit Annahme des Christ-

---

326 Hans Lothar Steppan, Der mazedonosche Knoten, Peter Lang, Frankfurt, 2004, Makedonisch 2004, S.108.

entms", schreibt Zbignjev Golomb in sein Werk ‚Sprache der ersten Slawen in Griechenland, 7. bis 8. Jahrhundert (The language of the first Slavs in Greece: VII-VIII Centuries), veröffentlicht von MANU 1989 Jahr (MANU = Makedonische Akademie ..., R.I.).

Die Koine war nur eine christliche Sprache, aber keine Volkssprache – das gilt heute.

Hans Ditten schrieb: „... Bei den Griechen selbst stieß verständlicherweise Fallmerayers in recht verletzender Weise formulierti These auf völlige und zum Teil auch berechtigte Ablehnung, so z. B., wenn er das Neugriechische als einen halbslawischen Dialekt bezeichnet hatte ..."

Die Hellaser sind nur die entarteten sog. Slawen während des 19., 20. und 21. Jh.

Die Hellaser waren die Pelasger wie die Makedonier, die Etrusker, die Römer ...

Es gab auf dem Balkan keine Völker mit den Sprachen unten sich unverständlich.

Während der Bayernzeit in Griechenland wurde eine neue Historie geschrieben, man fing an, mit Personennamen der Antike zu taufen. Darüber ärgerten sich die Geistlichen. Also alles war neu.

In der Konferenz vom 06. 10. 2010 am Institut „National Geographic", Washington, redete man über die 2000 Jahre Entwicklung der Historie Griechenlands mit vielen Übertreibungen. Prof. Gene Haddlebury sprach über Lügenmärchen. Also man erörterte, wie die Historie falsifiziert wurde ...

Wichtiger war, was Haddlebury behauptete: „... Aber mit neuen Untersuchungen ... in Südmakedonien in Vergina (makedonisch Kutleš, R.I.), wo ist entdeckt eine Gruft von Philipp II, Vater Alexanders III der Makedonier, fand man über 5000 Artefakte und geschriebene Dokumente, worüber Weltöffentlichkeit gar nichts wusste. Die griechische Regierung mit großen Maßnamen von Sicherstellen gefundener Artefakte und geschriebenen Dokumenten wurden an einen geheimen Platz in Athen gebracht und nachher erfuhr man die erfundene Artefakte von Vergina (Kutleš), sie waren in kleinste Stücke zerkleinert und in die Tiefen des Ägäischen Meer geworfen worden ..." Das war, weil die Schrift mit den Strichen und Ritzen (Runen) nur als Slawisch bekannt war. Damit wurde ein Genozid nicht nur für die Makedonier, sogar für Welthistorie und -zivilisation. Damit bestätigt man, dass die griechische Historie nur eine Lüge war.

Die Makedonier als Nachfahren Philipps und Alexanders

H.R.Vilkinson[327] gibt an: „Europa Polyglotta, 1730, herausgeben von Anonymus von Nürnberg. Man unterscheidet drei Gruppen: türkisch, griechisch und Illiri-co-Slavonica.

Die Türken waren Mohammedaner mit dem Arabischen. Die Sprache der Ottomanen war nur Persisch mit der Schrift der Perser (1836 – Josef von Hammer), seit dem 13. Jahrhundert mit dem Sultan Mohammed Karaman. In der Sprache waren türko-tatarische Wörter von Tataren und Tscherkessen. Es war in Heer Reihe der Tscherkessen bekannt.

Die Griechen waren nur Angehörige des Patriachats von Konstantinopel mit der Sprache Koine (19. Jahrhundert sog. altgriechisch) – Koine war die Sprache von Alexandrien (300 Jahr v. Chr.).

Illiri-co-Slavonica war die Sprache sog. Altslawisch, die entstand von Koine mit gleicher Syntax (G. Weigand, D. Obolensky). Die Sprache war Illyrisch = Slawisch auf Balkanhalbinsel ... Polen ... Russland. Damals waren die Albaner, die Serben, die Bulgaren und Rumänen unbekannt.

---

327 H. R. Vilkinson, Kartite i politikata, Pregled na etnografski karti, Makedonska kniga, Skopje, 1992, S. 42.

Viktor Berar im 1903 Jahr für die Makedonier schreibt: „Bis bald Frankreich kannte die Makedonier nicht. Sie für uns waren die Thrakier, die Paonier, die Sklawinier, wild und sozusagen mythisches Volk, das lebte irgendwo auf Boden unbekanntes Land ..."

Die Slawinier seit 6 Jh. n. Chr. waren nur Polytheisten mit einer Volkssprache Barbarisch, Pelasgisch, die Sprache des Homers – das Homerisch war Slawisch (Passow- 1815). Die Römer waren Christen mit Koine. Die Slawinier waren christianisiert – wurden die Römer.

Herbert George Wells[328] schreibt: „Wie hatten ... Phrygier, das Volk mit der Sprache, die war fast gleich so viel nahe stand mit dem Griechisch[329] wie und makedonisch ...

... Die Phrygier behielten ihre Sprache ähnlich mit dem Griechischen ... das behielt sich während der späteren Zeit in Athen, war nach ihrer Abstammung phrygisch (wenn nicht thrakisch ...)"

Die Phrygen waren Nachfolger der Briger – die Briger waren ein makedonischer Stamm.

Ivo Vukčević[330] schreibt – Altgriechenland: „Es gibt Beweise, daß die slawischen Siedlungen vielleicht schon von der Anfangszeit des Altgriechenlands datieren. Kein anderer bis auf allein Toynbee bemerkt, einige geographischen Namen aus der Periode haben einen besonderen slawischen Filter. Er, eigentlich, zweifelt, ‚uralte Paoner waren wahrscheinlich eigentlich Völker, die sprachen mit der slawischen Sprache'. Was bezieht sich auf die Besiedlung der Slaven, Toynbee schreibt: ‚Slawen nahmen wahrscheinlich in der thrakischen oder illyrischen Besiedlung der Völker/Völkerwanderschaft/in dem südöstlichen

---

328 Herbert George Wells, Istorija sveta, Narodno delo, Belgrad, 1929, S. 150.

329 In Athen ... offizielle Sprache war jonisch als pelasgisch – die Makedonier waren Pelasger (Herodot ... Justin ...).

330 Ivo Vukčević, Slovenska Germanija, Pešić i sinovi, Belgrad, 2007, S. 104.

Europa 1700 bis 1800 Jahr vor der massenhaften Besiedlung der Slawen im 6. und 7. Jh. christlicher Ära teil' ..."

Die Slawen „in der thrakischen oder illyrischen Besiedlung der Völker".

Die Traker und Illyrer sprachen Barbarisch = Pelasgisch = Homerisch = sog.Slawisch.

Schafarik gibt an: „Nach massiver Kolonisation mischten sich Slawen mit Einheimischen ein, mit Illyrern, Liburnern, Veneten, Dessareten und mit Tribalen, weil sie gleichartige Brüder sind." Nach ihm „Alteinwohner und Neueinwohner sprachen mit gleicher slawischer Sprache mit verschiedenen Dialekten. Aber mit der Zeit verschmolz sich und glich sich aus". Damit ist bestätigt, Neueinwohner = Alteinwohner hatten eine gleiche Sprache.

Es gab keinen Fund für Übersiedung über Donau.Wir Makedonier sind Einheimischen

Im 1897. Jahr Premier Englands William Gledstone, sagte für uns Folgendes:

„Warum nicht Makedonien für die Makedonier wie Bulgarien für die Bulgaren und Serbien für die Serben ?"[331]

Man darf nicht vergessen: „Philipp II, Alexander der Große und Aristoteles sind die Makedonier", „Kirilos und Methodios sind die Makedonier"; „Die Makedonier sind keine Slawen"; „Die Makedonier sind keine Griechen", „Das Makedonier an den Makedoniern" (William Gledstone 1897) – Makedonier = Makedonier; Slawen = Slawen; Griechen = Griechen.

Die sog. Slawen = Sklawinier seit dem 6. Jh. und die Slawen nach Slovo = Buchstabe – es gab auch den göttliche Buchstaben (Slovo). Die Griechen waren Angehörige der Kirche Konstantinopels.

Winston Churchill sagte: „Balkan produziert mehre Historie als das könnte konsumieren." Aber, das ist ein kurzer Teil von seiner Äußerung- hier ist die ganze Erklärung:

---

331 „Why not Macedonia for Macedonians, as well as Bulgaria for Bulgarians and Servia for Servians?"

Die gesamte Historie Europas ist mit Makedonien verbunden, Europa teilte Makedonien im Jahr 1913 auf, für die Zeit des ersten Weltkrieges wurden die größten Schlachten auf dem Territorium Makedoniens durchgeführt.[332]

Es wurden Versuche gemacht, die Makedonier zu assimilieren, aber zum Glück ohne Erfolg. Am Ende schufen die Makedonier ihren Staat in einem Teil Makedoniens im Rahmen Jugoslawiens. Aber aus diesem Grund fürchtete sich Griechenland und machte einen Exodus der Makedonier, die Makedonier sind Nachfahren Filipps und Alexanders und sie haben ein Recht darauf, in ihrem Staat zu leben.

Aber ich fürchte, ihre reiche Historie wird ihnen in Zukunft große Problemen bereiten, die werden ihnen von Bulgarien und Griechenland aufnötigen, weil sie eine Angst haben vor dem Bestehen Makedoniens und der Makedonier.

Lorens Iglberger, Ex-Staatssekretär der USA, schrieb in „Makedonien war nie griechisch": „... Antikische Griechen behaupteten niemals, dass Makedonien gehöre ihnen. Und niemals haben sie Filipp oder Alexander als ihre legitimen Herrscher angenommen. Das Griechenland hat kein Recht, sich antikische makedonische Historie anzueignen. Griechenland behauptet, Makedon oder Makedonien und Alexander der Makedonier sind griechisch?! Das ist eine falsche Behauptung. Der Aufschwung Makedoniens während Filipps und Alexanders Herrschaft war von Unruhen und kriegerischem Widerspruch geprägt, deren Ergebnis die entsetzliche Niederlage der Städte Athen, Teba, Chaironeia und Olint war. Filipp und Alexander wurden von Seiten der Griechen als Tyrannen gesehen, die die Freiheit der Griechen zerstörten. Das, was die modernen Griechen behaupten, daß antikisches Imperium Makedoniens ist griechisch, stellt es dar freiwillige Ignoranz eines historischen Fakts. Griechenland hat kein historisches, sogar kein anderes Recht, den Namen Makedoniens abzustreiten. Das ist unreif und töricht, ein berühmtes Land und eine Nation zu erpressen ..."

---

332 Makedonische Front.

Nach CIA war Alexander Illyr. Und seine Großmutter Evridika war Illyrin. Die Großmutter von Alexander dem Makedionier war von Linka (Bukri) Bitola und seine Mutter Olimpiada von Molossien- Malesien, ebenso von Brigien. Nach einigen Autoren waren die Briger die Thrakier, nach anderen die Illyrer. Nach Stephan von Byzanz waren die Briger ein makedonischer Stamm!

Es gab nie Griechen, sondern nur Hellenen – kein Grieche, nur Greiki = grei ki, grei = komm. Also, Greiki nur seit Otto dem Ersten, Makedonische Dynastie Greiki in Süditalien.

Henri Noel Brejlsford[333] schrieb nach dem Illyindenaufstand 1903 für unser Volk: „Sie sind ein Volk verbunden mit dem Ackerland, zusammen in eigenen Dörfern mit beschränktem Umfang der Gefühle, die gottesfürchtig sich drehen um ihre Gebirge, ihre Flüsse und ihre uralte Kirche. Die Nation von Bauern, was ist mit diesen konservativen Entscheidungen, die schneller werden und echten Patriotismus entwickeln ... Ihre Balladen für den Aufstand, in dem das Wort ‚MAKEDONIJA‘ erscheint in jedem Refrain, beweisen, sie haben ein Vaterland."

Das Makedonien und die Makedonier sind nur bei uns und nur von uns besungen.

Die Albaner, Tscherkessen, Tataren und Tosken (Schkipitaren)

Reinhold Lange[334] gibt an: „Umsonst hatte Vladimir die Warägen ...

Die Bolgaren mohammedanischen Glaubens (turkotatarischer Volkstamm östlich der mittleren Wolga, der um 920 den islamischen Glauben angenommen hatte) ..." (Nestor)

---

333 Henri Noel Brejlsford, Makedonija, Kultura, Skopje, 2003.
334 Reinhold Lange, Imperium zwischen Morgen und Abend, Verlag Aurel Bongers Recklinghausen1972, S. 158.

Hermann Kinder/Werner Hilgemann[335] geben an: „**Religion:** Neben ... Asen ...“[336]

Nach Gustav Weigand:[337] „Wenn so die germanischen Goten und Wandalen, ferner die tatarischen Hunnen ohne dauernden Einfluß auf die Bevölkerung des Balkans geblieben waren ...“

„Diese waren ein Steppenvolk, das aus Asien nach Europa in die russischen Steppen eingewandert war und sich zwischen Wolga und Don niedergelassen hatte. Aller Wahrscheinlichkeit waren sie tatarischer Herkunft. Der arabischen Chronist Masudi berichtet über sie: Sie sind ein türkisches Volk ... Sie sind von großer Tapferkeit und die benachbarten Völker sind ihnen unterworfen (Marquart, Osteuropäische Streifzüge, S. 150). ... Im 7. Jahrhundert zogen die Bulgaren, die von den Chasaren bedrängt wurden, von Besarabien unter Asparuch über die Donau und bezogen .“[338]

„Unter dem Zaren Assen wurde Donaubulgarien ... Unter seinen schwachen Nachfolgern Kaliman (1241–1246) und Michael II. Assen (1246–1257) ... und durch Plünderung von Tataren und Osmanen beständig zu leiden hatte, immer größer wurde, auch das Geschlecht der Asseniden ausgestorben war ...“[339]

Otto Zierer[340] schreibt: „Bischof Ulfilas liebt die Umwege nicht; nach wenigen einleitenden Worten spricht er vom‚hel-

335 Hermann Kinder/Werner Hilgemann, dtv Verlagsgesellschaft mbH Co. KG, München, 1964, S. 109.

336 Für bulgarische Historie Bulgaren waren die Tataren mit Tatarisch = Tschuwaschisch. Die Bulgaren haben eine eigene Historie mit den Tataren und den Slawen. Die Makedonier hatten nichts mit Tataren und Historie des Bulgarien. Also, die Makedonier waren und sind stolz auf die Historie des antikischen = ethnischen Makedonien.

337 Gustav Weigand, Ethnographie von Makedonien, Friedrich Brandstetter, Leipzig, 1924, S. 10.

338 Ebenso, S. 14.

339 Ebenso, S. 19.

340 Otto Zierer, Große illustrierte Weltgeschichte, Sieg des Kreuzes, Herbig, München 1983, S. 100.

len Christ' und seiner Macht, die größer ist als die Gewalt der alten Asengötter ..."

„Der junge Fürst ... das Geschlecht der Asen ..."[341]

Also, Bulgaren als Tataren waren mit Asen, Asseniden verbunden türkisch = tatarisch.

Gustav Weigand[342] schreibt: „Die Grenze zwischen Illyrern und Thrakern ... Im Morawatale selbst konnte dann wieder ein Zusammenfließen statfinden, aber dann legt sich weiter südwestlich wie ein Querriegel der Scardus Mons das Schargebirge vor. Eine gerade Linie von Milanowatz an der Donau über Nisch nach Ochrida bildet die ungefähre Grenze zwischen Illyrern und Thrakern im Altertum, zwischen Serben und Bulgaren im Mittelalter, in der Neuzeit aber haben sich Albanesen zwischen beide Völker eingeschoben ..."

Damit ist bestätigt, die Serben und Bulgaren waren einheimisch. Aber die Albanesen hauptsächlich Kaukaser als Gegen (Tscherkessen und Tataren) und Tosken als Balkaner usw.

„Im Ausgang des 17. Jahrhunderts fanden dann nach den Abzügen der Österreicher und der ihnen folgenden Slawen (1691) die großen Wanderungen der Albanesen nach Nordosten in Richtung Wranja statt, wo sie allmählich große Landstriche besiedelten, die ehemals von Serben[343] besetzt waren, die nach dem Banat abwanderten, um den Verfolgungen der Türken zu entgehen. Noch im 18. Jahrhundert (1740) fanden weitere Abwanderungen von Serbien nach Ungarn statt. So wurde Metochia und ein großer Teil des Amseldfeldes albanesisch. Die zwischen Toplitza und Bulg.-Morawa angesiedelten Albanesen wurden nach dem Aufstand der Bulgaren in Sajtschar (1883) von der serbischen Regierung vertrieben und an ihre Stelle Montrenegrier gebracht,

---

341 Ebenso, S. 111.
342 Gustav Weigand, Ethnographie von Makedonien, Friedrich Brandstetter, Leipzig, 1924, S. 6.
343 Nicht Serben, sondern nur Christen, Rechtsgläubiger mit Doppeladler, heute rußisch, serbisch, schkipetarisch

179

um das Serbentum gegen das Bulgarentum zu stärken."[344] Nur für Einfluß der serbischen und der bulgarischen Kirche, R.I.:

Die Serben und die Bulgaren waren Völker der serbischen Kirche und Sultanischen Bulgarexarchi, nur seit 1870 Jahr als Werk des Sultans durch Rußland. Und die serbische Kirche war unter dem Patriarchat in Konstantinopel unter Führung des Sultans. Ochridarhiepiskopie von Sultan seit 1767 Jahr war abgeschaffen. Kirche von Peć war unter Ochridarhiepiskopie. Aber sie war nur während der Kreuzkriege von Mutter Ochridarhiepiskie abgetrennt und von ihr wurde selbständige Kirche Patriarschie von Peć. Osmanen, die Komnenen waren (Josef von Hamer u. a.), haben die Kirche von Peć an Ochridarhiepiskopie zurückgegeben. Patriarch der Kirche von Trnowo war nur dem unter dem Patriarchat von Konstantinopel, der war unter Kaiser in Konstantiopel. Also, nur Kirche von Ochrid war unabhängig, die herrschte in Makedonien ...

Gustav Weigand[345] gibt an: „Wer die Eigenart und das Volkstum der Albanesen kennen lernen will, muß nach Albanien gehen, in Makedonien sind die meisten erst im vorigen Jahrhundert allmählich eingewandert, nur im nördlichsten Makedonien haben sie seit 16. Jahrhundert nach und nach die Stelle der serbischen Landbevölkerung eingenommen. Da die Christen sehr bedrückt wurden, sind sie nach Ungarn, besonders nach dem Banate, ausgewandert und ihre Bedrücker, die Türken, die selbst keine Ansiedler liefern konnten, haben mohammedanische Albanese in Masse darthin gebracht. Sie fanden dort gut angebaute Landschriche und wandten sich nunmehr der Landwirtschaft zu, die in ihren unwirtichen Bergen nur in kümmerlicher Weise betrieben werden konnte, weshalb man auch mehr Schafzucht oblag, wozu ihre Berge genügende Weide boten ..."

344 Ebenso, S. 88.
345 Gustav Weigand, Ethnographie von Makedonien, Friedrich Brandstetter, Leipzig, 1924, S. 52.

Also „in Makedonien sind die meisten erst im vorigen Jahrhundert allmählich eingewandert". Damit ist bestätigt, dass die Albanesen erst seit dem 19. Jahrhundert gekommen sind.

Gustav Weigand[346] gibt an: „Turko-Tataren: a) Türken, b) Tataren. Kaukasusvölker: Tscherkessen."

„Mohammedaner: Türken, Tataren, Tscherkessen; die mak. Albanesen sind zum allergrößten Teil Mohammedaner, ebenso die Zigeuner ..."

„Der Albanese.[347] Für die makedonischen Albanesen kommt weit mehr der muhammedanische Gegen, als der orthodoxe Toske in Betracht, denn von Seiten der türkischen Regieung sind zur Stärkung des mohamedanischen Elements Gegen in großer Anzahl nach Makedonien gebracht und dort angesiedelt worden. Ihr Volktsum tritt dort hinter dem Mohammedanismus zurück; sie haben sich in Sitten und Gebräuchen, die ja bei den Mohammedanern aufs innigste mit der Religion verknüpft sind, ihren Glaubensgenossen angeschlossen, so daß weniger Unterschiede herauszufühlen sind. Doch ist eines sicher, daß der christliche Bewohner Makedoniens immer lieber mit türkischen Beamten als mit albanischen zu tun hatte. Die letzteren gelten als grausamer, unbarmherziger und habgieriger.[348] Allerdings sind sie auch intelligenter, eifriger und vor allem viel energischer.[349] Die Türken haben nicht nur in der Vergangenheit, sondern auch in der allerjüngsten Zeit gerade der Energie der Albanesen- Gegen, und die intelligenz und Beweglichkeit der Albanesen- Tosken viel zu verdanken.[350] Doch liegt es nicht im Rahmen dieses Bu-

---

346 Gustav Weigand, Ethnographie von Makedonien, Friedrich Brandstetter, Leipzig, 1924, S. 31.

347 Ebenso, S. 86.

348 In R. Makedonien sind 90 % Gegen (Tscherekessen und Tataren) und nur 10 % Tosken – die Gegen sind grausamer ...

349 Nach Gustav Weigand, intelligenter sind die Makedonier und Tosken als die Bulgaren und Gegen als Asiaten.

350 Damit bestätigt der Autor, dass Gegen (Tscherekessen und Tataren) sind nicht intelligenter sind als Tosken von Epiros usw.

ches, dies näher auszuführen oder auf den Volkscharakter der Tosken und Gegen näher einzugehen.[351] Jedenfalls besteht nicht nur in Sprache, Sitte, Tracht, Körperbeschaffenheit ein erheblicher Unterschied zwischen Tosken und Gegen, sondern auch der Charakter ist recht verschieden. Die Albanesen selbst sagen von den verschiedenen Stämmen:[352] 'Einen Gege mit Verstand, ein Ljaber mit Schuhen und ein Toske ohne Schnurrbart gibt es nicht'. Unter Ljabe versteht man die toskischen Albanesen in der Berater Gegend, die in besonders ärmlichen Verhältnissen lebend meist barfuß laufen. Es ist auch richtig, daß der langsame, träge Gegen über dem beweglichen, blitzäugigen Tosken einen stumpfsinnigen Eindruck macht,[353] namentlich, wenn man eine ganze Schar in zerlumpten Kleidern, mit stierartig vergestecktem Kopf finsteren Angesichts im Gänsemarsch ohne ein Wort zu reden dahinwandern sieht.

Man sagt den Albanesen im Allgemeinen große Tapferkeit nach; es ist sicher, daß sie dem Tode, ohne zu zaudern ins Auge sehen. Deshalb halte ich es auch nicht für richtig, wenn man ihnen Feigheit vorwirft, weil sie ihren Gegner bei der Blutrache aus dem Hinterhalte niederknallen. Es ist diese Art der Rache seit undenklichen Zeiten eingebürgert und deshalb sieht man in diesem Volksbrauch, der für unser Gefühl so abstoßend wirkt, nichts Verächtliches. Derselbe Mann, der bei Ausübung der Blutrache aus dem Versteck die Kugel sendet, wird in offener Feldschlacht oder bei anderen Gelegenheiten Wunder der Tapferkeit vollbringen.[354]

---

351 Die Tosken und Gegen verkehrten nicht unter sich, heirateten nicht unter sich und bis heute verstehen sie sich nicht.

352 Die Tosken sind sog. Slawen mit allen sog. slawischen Lauten, auch von Vuk Karadžić seit dem 19. Jh. ... Gegen (Tscherekessen und Tataren), von Kaukasus Albanien (Aserbaidshan und Dagestan), mit weiße Kappe ...

353 Das ist die Bestätigung, daß Tosken und Gegen verschieden sind. Dafür ist auch DNS Beweis – Gegen sind fremd ...

354 Die Albanesen als Muhammdaner waren in Dienst der Ottomanen, sie plünderten ... töteten ... Christen usw.

In Makedonien wird der muhammedanische Albanese besonders gerne als Flur- oder Hofwächter von Christen sowohl wie
von Türken angestellt, und zwar wegen einer schätzenswerten
Eigenschaft, die man bei anderen Balkanvölker sehr vermißt, das
ist nämlich seine Zuverlässigkeit.[355] Wenn der Albanese seinem
Herrn seine Besa (so eine Art Ehrenwort)[356] gegeben hat, kann
er sich unbedingt auf ihn verlassen. Die Trene und die Tapferkeit sind die Eigenschaften, die dem Albanesen gleichsam ein
Monopol als Kawaß verschafft haben.[357]

Was Essen und Trinken betrifft, so ist der Albanese sehr ge-
nügsam. Er ist gewohnt unter den allerarmseligen Verhältnissen
zu leben. Namentlich haben die Gegen in den Bergen eigentlich
beständig zu kämpfen, um auch nur die notwendigste Natur zu
beschaffen.[358] Ihre schmalen, knöchernen Gesichter zeigen deutlich, daß sie ständig eine Hungerkur machen. Wenn das bißchen
Mais, das sie auf den Bergabhängen, nicht gerät, sind sie übel
dran. Ihre Genügsamkeit und Nichternheit ist keine Tugend,
sondern eine Notwendigkeit. Der Toske ist lebendslustiger, er
hat auch mehr zur Verfügung, trinkt auch gerne seinen Wein.
Geradezu üppig lebt der Bej, der alles in Hülle und Fülle hat.
Deshalb sieht man wohlbelebte Personen eigentlich nur unter
den albanischen Grundbesitzeren.[359]

Die Intelligenz und Unternehmungslust der Tosken[360] hat
sehr vielen unter ihnen als Kaufleuten zu großem Reichtum

---

355 Das bei Albanesen ist nicht wie „bei anderen Balkanvölkern". Sie
   stammten vom Kaukasus auch wie Mongolen.
356 Besa = Wut, Grimm, Zorn ... Die Arnauten = Verbrecher = Okkupatoren = Ballisten ... sind nur wutig = zornig = besni
357 Die Albanesen sind mit solchen Eigenschaften unbekannt auf der
   Balkanhalbinsel – sie sind fremd den Balkanern.
358 Albanesen Gegen (Tscherkessen und Tataren) leben auf der Balkanhalbinsel wie auf Kaukasus als die Gerbirger ...
359 Tscherkessen wie Indianer Mongolen in Nordamerika Tscheroke-
   sen (kurzes Messer): Messer blieb als Waffe.
360 Autor wiederholte, die Gegen und Tosken geblieben genetisch zwei
   verschiedene Völker von Asien und Europa.

verholfen;[361] Ägypten, Rumänien, England, Amerika weisen Albanesen in großer Zahl auf, die hervorragende Handelsleute sind, und Opfer für das griechische oder für ihr eigenes Volkstum gebracht haben."[362]

„Daß der Türke ... Eine ungefähre Vorstellung davon bekommt man beim Lesen des berühmten Romans von Wasoiff,Unter dem Joch'".[363]

„Übler berüchtigt als die Türken sind die Tataren und noch schlimmer sind die Tscherkessen, die Angst und Schrecken verbreiten, wo sie erscheinen. Nach dem Krimkrieg wurden von Türken etwa 100.000 Tataren und 500.000 Tscherkessen auf dem Balkan angesiedelt, von denen allerdings nur ein kleiner Teil auf Makedonien kam. Als Mohammedar betrachten sie die Christen als minderwertige Menschen oder blicken mit Verachtung und Hochmut auf sie herab. Ihre Ausnutzung und Vergewaltigung gilt ihnen zu erlauben."[364]

Während Georg Castriota sog. Skanderbeg (15. Jh.) gab es keine Gegen, aber Name als Arnaut,[365] ein Mann, der stammte von Asien (Albanien). Wir finden sie im 19. Jahrhundert, Gegen als Tscherokessen und Tataren zwischen Vranje (Serbien) und Schargebirge. Sie sind kolonisiert worden. Nach den Autoren waren sie insgesamt eine oder über eine Million Kaukaser.[366]

„Seit Jahrhunderten schon haben die albanesischen Renegaten als Beamte eine hervorragende Rolle gespielt. Eine ganz erstaunlich große Zahl von Großwesiren und sonstige hoher

---

361 Reiche waren nur Mohammedaner, aber nicht Christen, weil die Christen nur unterdrückt ... geplündert ... waren.

362 Autor öfter und weiter behauptete, die Albanesen sind zwei Völker: Gegen Kaukaser und Tosken = Abanasen.

363 Ebenso, S. 38.

364 Ebenso, S. 39.

365 Risto Ivanovski, Georg Castriota sog. Skanderbeg – der Makedonier, 2018, Deutsche Nationalbibliothek-DNB.

366 Risto Ivanovski, Die zweirassischen Albaner, 2017, DNB. Also, für die Albaner schrieb ich mehrere Bücher.

Würdenträger sind albanischen Ursprungs. Die energischen mohammedanischen Tosken sind es, die von jeher das vorwärts-
treibende Elemente gegenüber dem fatalistischen Türkentum
waren. Die Revolution von 1907, die in Monastir (Bitola, R.Ma-
kedonien, R.I.) ausbrach, und überhaupt die ganze jungtürki-
sche Bewegung geht mehr von den beweglichen Tosken als von
den trägen Türken aus. Man kann aber nicht behaupten, daß
die albanesischen Beamten bei der christlichen Bevölkerung
Makedoniens beliebt seien. Sie sind rücksichtslos auf ihren persönlichen Vorteil bedacht und wissen sich in schlauer Weise vor
schlimmen Folgen zu decken. Gerade berüchtigt waren die albanesischen Bejs als Pächter der Zehnten und als geheime Häup-
ter von Räuberbanden, die in ihrem Auftrag und unter ihrem
mächtigen Schutze die gemeinsten Räubereien und Lösegeld-
pressungen ausführten. Das waren Mißstände zur Türkenzeit,
die allgemein bekannt waren, die aber doch nicht abgestellt
werden konnten, weil das ganze Beamtentum im Wilajet unter
einer Decke steckte und erbarmungslos die Raja ausaugte. Ihre
Stelle vertritt jetzt die serbische Gendarmerie."[367]

Hans-Lothar Steppan[368] redet über Albanisch: „Folglich, in
Diskussion für Formen der standarischen Sprache kann man
nicht an eine alte kulturische Sprache gerufen werden, sondern
nur eine größere Zahl, relativ junge Varianten des Volksdialekts
zu vergleichen."

J. P. Fallmerayer sagt, die Schkipetaren sind Alphabeten –
das war bis ins Jahr 1908.

H. R.Vilkinson[369] gibt eine Karte von E. Barbaritsch von 1905.

„Von allen größten ethnischen Gruppen ... Albaner ... Sie
haben keine eigenen Schulen, keine nationalen Kirchen, keine

367 Gustav Weigand, Ethnographie von Makedonien,
      Friedrich Brandstetter, Leipzig, 1924, S. 53.
368 Hans Lothar Steppan, Der mazedonoische Knoten, Peter Lang,
      Frankfurt, 2004, Makedonisch 2004, S.55.
369 H.R.Vilkinson, Kartite i politikata, Pregled na etnografski karti,
      Makedonska kniga, Skopje,1992, S. 158.

Schatzkammer mit traditioneller Literatur und deswegen fühlen Mangel von Mittel ihrer kulturellen Identität zu definieren ...“

„Deswegen ... Nur einige Jahre später, 1908, auf einem linguistischen Kongreß, gehalten in Bitola[370], evoluierte ein geeignetes romanisches Alphabet. Bis dann war das italienisches, kyrillisches sogar und arabisches Alphabet in Gebrauch ... Aber vor 1924 wurde in Schulen nicht die albanische oder ‚schkipitarische‘ Sprache unterrichtet ...“[371]

„Dominian[372] gibt einige Beweise, sich auf Albaner beziehen ... Er betont, die Sprache ist nach ihrer Form ausschließlich Arian, aber er hebt hervor, daß von 5140 Elementen im etymologischen Wörterbuch der Albaner G. Mayer ‚könnte man nur vierhundert ungemischte indoeuropäische Elemente auszählen‘. Tataro-türkich zählt 1180, Rümänisch 1420, Grie-chisch 840 und Slawisch 540 Wörter.

Er ... Albaner in 1913 waren ganz von allereiem nationalen Gefühl entsagt ...“

Sultan Selim III (1789–1807), im 1795 Jahr, schrieb ein Ferman an Walia von Saloniki (Solun), wobei für Arnauten (Albaner) steht „schmutzige Räuber“. Er sagt noch: „Ein meuterisches Element, Arnauten, in meinem Land, nach Natur sind mit einem wilden und heftigen Charakter begabt, noch in Mutterleib sind mit schlechten Absichten gesäugt, grausene Überfälle, Morde, Raube und andere Gesetzlosigkeiten über friedliche Leute ... zu machen. Sie vernichten den schönsten Teil meines Landes – Makedonien ...! Oh, Gotte, reinige das Land von ekelhaften Werken der Räuber von ihren Gesetzlosigkeiten und Gewaltsamkeiten ...!

---

370 Bitola war administrativisches Zentrum an Rumelien des Osmanischen Reich – unter Bitola war ganz Albanien und alle Kirchen Albaniens. Auch für die Kirchen Griechenlands im 19. Jh. War das Zentrum Bitola mit seiner Kirche Hl. Dimitrija mit ihrem Doppeladler, der die Kirchen Makedoniens ziert – die Albaner blieben Kirchenvernichter ...
371 Ebenso, S. 160.
372 Ebenso, S. 215.

aus. Verachte sie, haue sie mit Schwert der Besieger ...! aus."[373]
Deswegen redete man nach Arnautet vom „Dunkelwilaet", „Räuberischen Imperium", „Wilden Staat", „Verfluchten Land" ...

Hans-Lothar Steppan[374] schreibt: „Okkupatoren. Slawische Makedonier sind Okkupatoren im eigenen Land, in dem sie schon 1400 Jahre leben! Wie ist es möglich, dass keiner den Mut hat, die Albaner zu stoppen und ihnen zu sagen, die, wie Verbrecher in Makedonien, sind die wahrhaftigen Okkupatoren!?" (Makedonier mit Traditionen der Altmakedonier, R.I).

Nach vielen Autoren waren die Albaner nur Mörder und haben die Orthodoxen vertrieben.

Vermögen der Albanesen war ohne Beweis für Eigentum bis ins Jahr 1913. Das führte Serbien nur im Jahr 1918 Jahr durch – Serbien erlaubte, orthodoxisches Vermögen albanisch zu sein.

Also wir verstehen Gegen und Arbanasen = Tosken = Schkipitaren. In Schkipitarien unterscheidet man südlich gezähmte Tosken und nördlich wilde Gegen. Sie wollten im 1997 Jahr Schkipitarien zwischen sich aufteilen: südlich toskisch und nördlich gegisch-Gegelak ... Die Türkei bekennen die Albanesen nicht, sondern nur als Arnauten, die alle Muhammedaner waren und sind: in R. Makedonien sind albanische Parteien zu 100 % Muhammedaner. Für sie sind die Makedonier nur Orthodoxe und alle Muhammedaner sind Albaner. Die Arnauten nur als Muhammedaner zahlen in R. Makedonien nichts (die Steuer, Strom, Wasser, Kommunalien ...). Die Arnauten = Verbrecher parasitieren über Ortohoxen nicht nur im 19. Jh., als sie Türken waren, sondern auch im 20. und 21. Jh. Obwohl sie in R. Makedonien unter 15 % sind, herrschen sie als Minderheit über die Makedonier, unterstützt von USA, SAD und NATO. Sie als die Muhammedaner Gegen (Tscherkessen und Tataren) und Tosken wurden nur in Jugoslawien

373 D.Ihčievъ, Turski dъržavni dokumenti za kъrdžalite, SBNH, XXII–XXIII (1906–1907), Sofija, 1912, S. 3-13.
374 Hans Lothar Steppan, Der mazedonoische Knoten, Peter Lang, Frankfurt, 2004, Makedonisch 2004, S. 26.

vereinigt, mit dem Schkipitarische seit 1972 Jahr in Kossowo, das Gegen in Montenegro 1980 Jahr nicht kannten. Im 2001 Jahr erlebte R. Makedonien von USA Kossowo Agression usw.

In R. Makedonien sind die Albaner als Gegen (Tscherkessen und Tataren) 90 % und Tosken (Schkipitaren) 10 % mit schkipitarischer Sprache, die auch Mongolisch (Tataro-türkisch Gustav Mayer) wie Türkisch ohne Geschlechter des Homerisch = sog. Slawisch.[375]

Da die Albaner Mohammedaner waren, litten Orthodoxe im 19., 20. und 21. Jh. ...[376]

Die Arnauten (sog. Albaner)[377] sind kein Volk, sondern nur eine „Mischung" von Gegen (Tscherkessen und Tataren) und Tosken (Schkipitaren) – sie verstehen sich bis heute nicht mit Gegen, den Makedoniern und anderen herrschen nur die Schkipitaren unter 1,5 %.

„Bei der in folgenden ... Die übrigen Sprachen wie Türkisch, Tatarisch, Tscherkessisch sind mir in makedonischer Eigenart nicht bekannt geworden, ja es fragt sich sehr, ob überhaupt dafür bemerkenswerte Besonderheite zu finden sind, sie können also füglich wegbleiben, ich möchte nur das eine hervorheben, daß das Türkische als Verkehrs- und Verwaltungssprache durch Jahrhunderte hindurch einen überaus großen Einfluß auf den Wortschatz sämtlicher in Makedonien gesprochenen Sprachen ausgeübt hat ..."[378]

Die Sprachen der Tscherkessen und der Tataren sind nur gegisch wie auf Kaukasus.

---

375 Auf Peloponnes siedelten sich im 14. bis 15. Jh. Indiener an. Von Indiener (Zigeuner) stammte das indische musikalische Instrument Busuki, das 1913 nach Makedonien gebracht worden war ... 19. Jh. Zigeuner mit Gegen.

376 Die Albaner waren mit Ottomanen, mit Italien als Faschisten, Kommunisten (Tito, Stalin und Mazetung) und nachher mit Europa, USA und NATO. Die Albaner waren gegen Slawen und nachher Orthodoxe nur als Slawen.

377 Albanien war Land auf Kaukasus (... Strabo ...) mit Albanern, die kämpften gegen Alexander der Makedonier.

378 Gustav Weigand, Ethnographie von Makedonien, Friedrich Brandstetter, Leipzig, 1924, S. 57.

„Ferner sehen wir ... Von Besonderheiten des dialektischen makedonischen Türkisch habe ich nichts bemerkt, dafür ist die Bevölkerung zu sehr gemischt und ständig im Austausch. Einheimische, Konjaren aus Thessalien, Türken aus Beßarabien, aus Kleinasien, Araber, Perser, sie alle bedienen sich einer türkischen Vulgärsprache, wie sie durch das Militär überallhin verbreitet wurde. Und diese Militärsprache ist auch Quelle für die Lehnwörter in Balkansprachen und nicht die türkische Literatursprache.“

Sprache der Ottomanen war Neupersisch mit persischer Schrift. Das war nur seit dem 13. Jh. von Sultan Mohammed Karaman. Im Neupersisch wurden türko-tatarischen Wörter eingesetzt, weil im Militär Tscherekssen und Tataren dienten. Die Völker sprachen die Vulgärsprache. Da die Albanesen Offiziere und Soldaten waren, war ihre Sprache auch türkisch.

H. R. Vilkinson[379] schreibt: „... von 5140 albanischen Wörtern, wie Gustav Mayer bemerkte, 1420 sind romanisch, 540 slawisch, 1180 türko-tatarisch, 840 griechisch, 400 indo-germanisch und übrige sind unbekannt.“[380] Die Sprache als Türkisch ist ohne Geschlecht.

Man redet für griechisch und romänisch mit Staat Hellas und Staat Rumänien mit ihren Sprachen nur seit 19. Jh. Mit allen slawischen Lauten und von V.Karadžić 19 Jh.

Nach Akademiker Prof Dr. Georgi Efremov von MANU,[381] die Albaner genetisch sind entfernt, nahe der kaukaschen-schwarzermeerigen Gebieten, informiert am MTV- Skopje schon Anfang der Selbstständigkeit R.Makedoniens. Aber solche ähnliche Untersuchung hörten wir am 23.11.2014 um 24 Uhr im

---

379 H. R. Vilkinson, Kartite i politikata, Pregled na etnografski karti, Makedonska kniga, Skopje, 1992.

380 Gustav Mayer, Ethymologisches Wörterbuch der Albanesischen Sprache, IX, „Sammlung Indogermanischer Wörterbücher", III, Straßburg, 1891.

381 MANU – Makedonische Akademie für Wissenschaft und Kunst, Skopje in R. Makedonien.

TV Programm, veröffentlich an FB, nach 6 jährige DNS folgen von Instutut für Gerichtliche Medizin in Skopje R.Makedonien. Nach dieser Untersuchung, die Makedonier mit den Bulgaren und den Serben sind nächste. Und die Kroaten sind nahe den Bosniern und den Serbiern, aber die kosovarischen Albanier unterscheiden sich von übrigen Völker der Region".

Die Kosovaren waren vom Kaukasus – Albanien (Aserbaidschan und Dagestan). Das kann man bestätigen mit ihrer Tracht (weiße Kleidung, weiße Kappe), durch ihr Tanzen und ihre Lieder sowie Traditionen usw. Sie leben wie im Kaukasus, aber nicht wie Völker der Balkanhalbinsel.

DER AUTOR

Risto Ivanovski wurde 1945 in Bitola, Makedonien, geboren. Nach dem Studium der Landwirtschaft in Skopje war er 1972 bis 1976 als wissenschaftlicher Mitarbeiter in München tätig. Seit seiner Dissertation der Fütterung der Haustiere in Wien schreibt der Autor laufend über Themen wie Biometrie und Populationsgenetik sowie historische Begebenheiten.

DER VERLAG

VINDOBONA
VERLAG SEIT 1946
ein Verlag mit Geschichte

Bereits seit 1946 steht der Vindobona Verlag im Dienst seiner Bücher und Autoren. Ursprünglich im Bereich periodisch erscheinender Journale tätig, präsentiert sich der Verlag heute als kompetenter Partner für Neuautoren am deutschen, österreichischen und schweizerischen Buchmarkt. Engagement, Verlässlichkeit und Sachverstand – das sind die Grundpfeiler, auf denen der Verlag seit jeher sicher steht.

Sie möchten mit Ihrem Werk das vielseitige Verlagsprogramm bereichern? Der Vindobona Verlag garantiert Ihnen eine professionelle Prüfung Ihres Manuskriptes durch das Lektorat sowie eine zeitnahe Rückmeldung.

Genauere Informationen zum Verlag
finden Sie im Internet unter:

www.vindobonaverlag.com